L'armée de la RDA

Die Nationale Volksarmee

Illustration de couverture :

Parade des forces terrestres de la *NVA*
Bundesarchiv, Bild 183-N1007-0009

Alexandre Wattin

L'armée de la RDA
Die Nationale Volksarmee

L'autre pilier du pacte de Varsovie

Préface de
Jean-Pierre Chevènement
Ancien ministre de la Défense de la République française (1988-1991)

Avant-propos de
Rainer Eppelmann
Ancien ministre du Désarmement et de Défense de la RDA (1989-1990)

Sous l'égide du Centre des Hautes Études
franco-allemandes pour l'Europe

SPM
2019

ISBN : 978-2-917232-96-5

Éditions SPM 16, rue des Écoles 75005 Paris
Tél. : 06 86 95 37 06
courriel : lettrage@free.fr - site : www.editions-spm.fr

DIFFUSION – DISTRIBUTION : L'Harmattan
5-7 rue de l'École-Polytechnique 75005 Paris
Tél. : 01 40 46 79 20 – télécopie : 01 43 25 82 03
– site : www.editions-harmattan.fr

« L'expérience apprend que le moment le plus dangereux pour un mauvais gouvernement est d'ordinaire celui où il commence à se réformer »

TOCQUEVILLE

« La politique d'un État est dans sa géographie »

NAPOLÉON

« Un peuple sans histoire est un peuple sans visage »

LOTHAR DE MAIZIÈRE,
Premier et dernier ministre-président
démocratiquement élu en RDA

« L'État des ouvriers et des paysans est quelque chose d'admirable… mais il ne faut être ni ouvrier ni paysan »

Proverbe populaire est-allemand

À mes enfants Nicolas et Alexandra

In memoriam
Helmut Kohl, Chancelier de l'Unité allemande
3 avril 1930-16 juin 2017

Remerciements

Je tiens à exprimer ma gratitude à :

Monsieur Jean Pierre Chevènement, ancien ministre de la Défense de la République française.

Monsieur Rainer Eppelmann, ancien ministre du Désarmement et de la Défense de la République démocratique allemande.

Monsieur Gaël Moullec, historien, membre du Conseil scientifique du Centre des Hautes Études franco-allemandes pour l'Europe, pour son aide inestimable.

Monsieur Hans Herth, sociologue et ancien président de la Fédération des Associations franco-allemandes pour l'Europe.

Monsieur Christophe Berenguier, du ministère de la Défense.

Durant l'élaboration de cet ouvrage, leur présence attentive et critique a constitué pour moi le plus efficace des stimulants.

Préface

de Jean-Pierre Chevènement
Ancien ministre de la Défense

Historien militaire de renom, longtemps conservateur du Musée de la Garnison de Mayence, directeur du Centre des Hautes Études franco-allemandes, Alexandre Wattin éclaire, dans ces pages fort bien documentées, un épisode très peu connu des relations internationales : celui de la constitution – officiellement le 1er janvier 1956 – de la *NVA* (*Nationale Volksarmee* – Armée nationale du peuple) de la RDA (République Démocratique Allemande) jusqu'à sa dissolution presque sans bruit en 1990.

C'est une description fascinante, car la *NVA,* avec 170 000 hommes formés « à la prussienne », offrait un concours militaire essentiel à l'URSS sur le théâtre européen. Chacun se souvient pendant la « Guerre froide », du « saillant de Thuringe », d'où était censée provenir l'offensive qui donnerait le signal d'une nouvelle guerre mondiale. Il n'en a rien été et Alexandre Wattin montre excellemment comment le sentiment national et unitaire du peuple allemand et l'esprit de responsabilité des cadres de la *NVA* ont conduit à une dissolution pacifique, menée de main de maître par le *Generalleutnant* Jörg Schönbohm, à la demande du ministre de la Défense, Gerhardt Stoltenberg, alors mon collègue. À la fin seuls 10 000 hommes de l'ancienne *NVA* ont poursuivi leur carrière dans la *Bundeswehr.*

Ministre de la Défense de la France depuis mai 1987, j'ai tout de suite mesuré les conséquences immenses de l'événement qu'allait être la réunification de l'Allemagne. Je n'ai pas vraiment été surpris car je suivais attentivement depuis le mois de septembre l'exode des ressortissants d'Allemagne de l'Est à travers la frontière de la Hongrie et de l'Autriche. Je me suis dit : « Les difficultés commencent… » En effet, quelle allait être la réaction de Moscou ? Tout était possible, y compris une intervention militaire pouvant déboucher sur la guerre. Nul ne pouvait exclure que l'armée soviétique se rebelle contre les initiatives de Gorbatchev et les conséquences qu'elles ne manqueraient pas d'entraîner.

Je connaissais bien le ministre de la Défense soviétique, le maréchal Yazov, que j'avais d'ailleurs invité à Belfort quelques mois plus tôt. C'était un conservateur mais je le considérais comme loyal à Gorbatchev. Il s'est cependant laissé entraîner ultérieurement dans le putsch d'août 1991. Finalement, Gorbatchev a accepté que l'Allemagne reste dans l'Otan et que celle-ci s'étende aux *Länder* de l'Est à condition que les troupes américaines n'y stationnent pas. Kohl et Gorbatchev qui se connaissaient ont fini par s'entendre. L'Allemagne a versé 12 milliards de dollars pour obtenir une évacuation accélérée de l'Armée soviétique. Un accord international est intervenu en 1990. La *Bundeswehr* n'a maintenu qu'un peu plus de 50 000 hommes sur le territoire de l'ex-RDA.

L'année d'avant, en 1989, j'avais fait une conférence à l'Académie militaire de Moscou devant 400 officiers. L'ordre régnait, impeccable. Mais quand j'ai été reçu à Mourmansk par la flotte de la mer Blanche, j'ai appris que l'amiral venait d'être battu aux élections décidées par Gorbatchev par un vulgaire enseigne de vaisseau. Ça branlait dans le manche et on sentait dans l'état-major soviétique les tensions entre le ministre de la Défense Yazov, le chef d'État-Major de l'armée de terre Varennikov, le conseiller militaire de Gorbatchev, Akhromeiev – qui s'est pendu après l'échec du putsch – et le chef d'état-major des Armées, le général Moisseiev, un officier que Gorbatchev était allé chercher au fond du tableau d'avancement. Ces différents officiers ont choisi des partis différents à l'occasion du putsch. Akhromeiev a laissé un mot derrière lui : « Je ne veux pas survivre à tout ce pour quoi j'ai vécu. » Yazov a été mis en prison et Moisseiev est resté chef d'état-major. L'armée n'a pas bougé. J'ai demandé aux officiers soviétiques qui étaient à l'Ambassade à Paris ce qui était arrivé à Yazov. Ils m'ont répondu : « Grand-père avait dit oui. Il est comme les crocodiles, il ne peut marcher qu'en avant, il ne sait pas reculer. »

Dans les mois qui ont suivi la chute du mur de Berlin, j'ai visité les forces françaises au quartier Napoléon pour les remercier d'avoir défendu la liberté de Berlin pendant quarante ans, depuis 1948, date du blocus, jusqu'à la chute du Mur.

Nul ne peut cependant se dissimuler que ces évènements presque incroyables aient procédé d'une volonté politique : celle de Gorbatchev qui entendait ne plus utiliser la force pour maintenir en Europe de l'Est des régimes politiques discrédités et qui ne tiraient leur légitimité que des résultats de la Deuxième Guerre mondiale et de la présence de l'armée soviétique sur leur sol. Il faut ajouter la force du sentiment national, resté vivant en Allemagne de l'Est, comme d'ailleurs dans les autres pays du pacte de Varsovie. Mais, en Allemagne, on touchait à un équilibre politique majeur. Il a fallu beaucoup de sens politique et d'esprit de responsabilité aux dirigeants de nos pays pour que ces immenses changements soient gérés « pacifiquement et démocratiquement » selon le mot employé par François Mitterrand. C'était de la part de tous un acte de confiance dans l'Europe qu'il nous revient de bâtir ensemble.

Avant-propos

de Rainer Eppelmann
Ancien ministre du Désarmement et de la Défense de la RDA
Président du comité de gestion de la Fondation fédérale
« Aufarbeitung der SED Diktatur »

La Fin de la *NVA* en RDA et la nouvelle « Armée de l'Unité »

C'est juste quelques mois après que des dizaines de milliers de manifestants eurent provoqué l'effondrement du Mur et renversé le régime du *SED*, que la RDA a définitivement cessé d'exister. La fin de la RDA, le 3 octobre 1990, signifiait également la fin de l'Armée nationale du Peuple (*NVA*).

La *NVA* fondée en RDA en 1956, était la conséquence de la Guerre froide. Dès le début, elle était une armée du Parti. La *NVA* était sous le contrôle total du parti étatique *SED*, ses résolutions liaient l'armée. Pour les officiers, l'adhésion à la *SED* était la condition préalable pour faire une carrière militaire. Un appareil politique et du Parti autonome, une justice militaire rigide, l'endoctrinement idéologique permanent ainsi que le système de mouchards de la Sécurité d'État garantissaient le pilotage et le contrôle intégraux de la *NVA* par le *SED*.

Lorsqu'à l'automne 1989, les habitants de la RDA manifestaient en masse contre la dictature du *SED*, le *SED* disposait encore d'un appareil militaire et de sécurité d'environ 360 000 hommes. Toutefois, il manquait l'appui de Moscou pour engager une répression violente contre les manifestations. Lorsque, le 9 novembre 1989, le Mur de Berlin, symbole de la division allemande et de la Guerre froide, tomba, le déclin du régime communiste s'accéléra. Dans les mois qui suivirent, il y eut des élections démocratiques en RDA. Dès lors la voie vers la réunification prit rapidement forme.

La *NVA* ne fût pas épargnée par cette évolution. Là aussi, le mécontentement s'était accumulé. Au tournant des années 1989-1990, des soldats exigèrent des réformes démocratiques qui furent d'ailleurs mises en œuvre dans les semaines qui suivirent. En avril 1990, le premier gouvernement démocratiquement élu de la RDA entra en fonction. Le destin, porté aux plaisanteries ironiques, a voulu que ce soit moi, pacifiste convaincu, objecteur de conscience et opposant à la RDA en mars 1990 au centre de l'Europe qui devienne, au sein du gouvernement de Lothar de Maizière, « Ministre pour le Désarmement et la Défense ». En tant que commandant en chef de la *NVA*, je reçus le pouvoir de commander une armée qui appartenait à l'un des deux blocs militaires les plus surarmés du monde. Et le plus surprenant de la situation d'alors était que visiblement les officiers de cette armée m'acceptèrent comme leur commandant en chef.

Les négociations internationales sur l'unité allemande en 1990 concernaient également la question de futures forces armées allemandes unifiées. Que devait-il se passer avec la *NVA* après la fin du régime du *SED* ? Quasiment en une nuit, la frontière allemande intérieure n'avait plus à être défendue. Et lequel des États devait être réellement protégé, et ce, contre quel adversaire ? Cela dit, en 1990, les soldats de la *NVA* prononcèrent un nouveau serment à la RDA désormais démocratiquement légitimée. De plus, nombre d'officiers de la RDA espéraient que la *NVA* continuerait d'exister ou qu'elle serait entièrement reversée dans la *Bundeswehr*.

Mais il devenait vite évident qu'il n'y aurait plus de *NVA* dans une Allemagne unifiée. La politique proclama « Un État – une armée ». C'est pourquoi l'histoire de la *NVA* prit fin le 3 octobre 1990, jour de la Réunification. Dès lors 90 000 membres en uniforme et 47 000 civils anciens de la *NVA* étaient placés sous le commandement nouvellement créé de la *Bundeswehr-Ost* sous les ordres du lieutenant-général Schönbohm. Il devait être le système de commandement central des soldats dans les nouveaux *Länder* fédéraux et permettre de verser la *NVA* dans la *Bundeswehr.*

L'objectif était l'implantation complète de la *Bundeswehr* sur le territoire de l'ex-RDA, mais sans aucun des éléments structurels de la *NVA*. Il n'était pas question de transposer les anciennes forces armées socialistes comme institution en tant que telle dans l'armée allemande de l'Ouest, mais les membres de la *NVA* en tant que simples individus.

Ce processus se réalisa également sur le fond d'accords internationaux. Car le traité Deux plus quatre, par lequel les anciennes puissances victorieuses acquiesçaient à l'unité allemande, requérait une réduction des troupes de plus d'un demi-million de membres de la *Bundeswehr* à 370 000 soldats jusqu'à l'an 1994 au moment de la Réunification. Ce fut une véritable tâche herculéenne.

En effet, si le commandant, le lieutenant général Jörg Schönbohm, déclara aux anciens soldats de l'ex-RDA encore en place : « Nous ne venons pas de vainqueurs à vaincus, mais comme des Allemands vers des Allemands », beaucoup de vétérans de la *NVA* étaient cependant conscients qu'en tant que piliers du régime du *SED* ils n'avaient pas d'avenir dans la *Bundeswehr*. De plus, beaucoup d'entre eux avaient du mal à devoir porter l'uniforme de l'ancien « ennemi de classe » dénoncé par l'État. C'est pourquoi, plus de 60 pour cent des officiers de la *NVA* décidèrent de quitter volontairement le service. Environ 20 000 soldats de la *NVA* furent d'abord intégrés dans la *Bundeswehr* et ce, pour une durée limitée de deux ans. La majorité des garnisons de la *NVA* furent fermées ; leur équipement continua d'abord à être utilisé en partie, mais fut finalement mis au rebut ou vendu à l'étranger.

Dans l'ensemble, la dissolution de la *NVA* et l'incorporation du personnel dans la *Bundeswehr* s'est déroulée en grande partie sans anicroche. Jusqu'en 1990 la *NVA* s'était encore servie des vieux fondamentaux militaires traditionnels, le *drill*, l'obéissance, soumission et humiliation, afin d'obtenir la docilité de l'individu. L'image du « citoyen en uniforme », qui à cette époque était déjà en République fédérale le modèle des forces armées démocratiques, était étrangère à la *NVA*. Désormais il était exigé des soldats des nouveaux et des anciens *Länder* d'accomplir l'unité intérieure de l'Allemagne jusque dans le domaine militaire. Bien sûr, cela ne s'est pas déroulé sans problèmes de démarrage. Au début, les soldats de carrière et sous contrats de « l'ancienne » *Bundeswehr* et les officiers et sous-officiers de l'ex-*NVA* se rencontrèrent souvent avec beaucoup de scepticisme. Toutefois, les réserves mutuelles disparurent rapidement dans le quotidien de l'exécution du service. En réunissant des hommes qui peu de temps auparavant se faisaient encore face en adversaires affiliés à deux systèmes d'alliance opposés, la *Bundeswehr* du nouvel ensemble allemand se développa en quelques années en « Armée de l'unité ».

L'assimilation des anciens membres de la *NVA* dans la *Bundeswehr* a démontré la faisabilité d'une marche à l'unisson entre l'Ouest et l'Est. Et ce, non seulement dans le domaine administratif et militaire, mais également dans l'élaboration des questions délicates et sensibles de l'interaction humaine, dans laquelle d'anciens ennemis sont devenus des camarades. En ce sens, la *Bundeswehr* est une reproduction de l'unité allemande en miniature. La direction politique et militaire, mais aussi la volonté humaine d'intégration de chaque individu ont démontré de manière exemplaire comment l'unité interne en Allemagne peut être organisée avec succès. Aujourd'hui, la *Bundeswehr* dans son ensemble est devenue depuis longtemps la normalité pour les jeunes de l'Est et de l'Ouest.

Avertissement au lecteur

> « Au sens du droit international, les soldats de la RDA avaient toutes les raisons de s'estimer être des hommes et des femmes de devoir et d'honneur. Cent trente-six États avaient officiellement reconnu leur État, y compris l'autre État allemand par son traité de la Loi fondamentale[1]. La reconnaissance internationale de la RDA en qualité d'État souverain par son statut de sujet du droit international public ne pouvait être interprétée, par les soldats de la RDA, comme une erreur d'appréciation de la part de ces États. En prenant cette décision, tous ces pays avaient bien pris en considération l'expérience acquise antérieurement avec l'Allemagne nazie, l'État devancier des nations modernes allemandes. Ils ont eu le temps d'éluder si la création de la RDA était, semblable à celle du IIIe Reich, une erreur d'appréciation de la partie orientale du peuple allemand (...). »
>
> Hans Werner Deim[2]. *Generalmajor* a.D de la *NVA*.

1 Le traité fondamental de reconnaissance mutuelle entre la République fédérale d'Allemagne et la République démocratique allemande a été signé le 21 décembre 1972 à Berlin-Est. Il est entré en vigueur le 21 juin 1973. Il constitue un compromis entre l'objectif de la RDA d'obtenir une reconnaissance juridique complète et la volonté ouest-allemande de ne pas renoncer au principe d'unité de la Nation allemande dans la perspective ultime de la Réunification. Par ce traité, les deux États allemands reconnaissent mutuellement leur existence dans leurs frontières actuelles héritées des accords de Yalta et de Potsdam à la fin de la Seconde Guerre mondiale. Cet accord met fin à la doctrine Hallstein qui veut que seule la RFA soit habilitée à représenter l'ensemble de l'Allemagne. In : Werner Weidenfeld, Karl-Rudolf Korte (Hrsg.) : *Handbuch zur deutschen Einheit. 1949-1989-1999*. Aktualisierte Neuausgabe. Campus Verlag, Frankfurt am Main, 1999.

2. Ancien chef de l'administration Alerte opérationnelle et formation opérationnelle. Directeur du bureau planification du *MfNV*. In : Vortrag. *Die Rolle der*

L'histoire n'est pas seulement une science qui permet d'étudier le passé et de replacer les motivations des générations qui nous ont précédés. C'est surtout un moyen inestimable pour mieux comprendre le présent. Dans cet esprit, il est bon de se demander ce qui, parmi les évènements et les transformations sociales ou politique qui ont eu lieu dès la fin des années 1980, a marqué notre temps.

Il y a moins de trente ans, et à seulement quelques centaines de kilomètres de la frontière française, un énorme arsenal militaire et nucléaire était prêt à être utilisé en Europe contre l'ensemble des forces de l'Otan par les armées du Pacte de Varsovie[1]. L'une de ces composantes, l'Armée nationale du Peuple (*Nationale Volksarmee* ou *NVA)* de la République Démocratique Allemande (*Deutsche Demokratische Republik* ou *RDA)*, était une des armées les plus endoctrinées et entraînées du bloc communiste. Intimement liée au régime dictatorial de la RDA, dont elle était la protectrice, cette armée était une des composantes les plus importantes au sein du Pacte de Varsovie.

Malgré cela, la chute du Mur de Berlin puis la Réunification allemande d'octobre 1990, aboutira à la dissolution de cette énorme force militaire. Elle mettra un terme définitif à un antagonisme politique et militaire larvé qui avait opposé durant plus de 47 ans les deux Allemagnes et leurs alliés respectifs.

NVA während der Wende und die Besonderheiten ihrer « Zusammenführung mit der Bundeswehr. Prinz Eugen Kaserne. 10.10.1995.

1. Le Pacte de Varsovie était l'organisation militaire des pays socialistes d'Europe de l'Est fondée en 1955. Pacte de défense réciproque en cas d'agression, il était composé de l'Union des républiques socialistes soviétiques (URSS), l'Albanie (jusqu'en 1968), la Bulgarie, la Hongrie, la Pologne, l'Allemagne de l'Est (jusqu'en 1990), la Roumanie et la Tchécoslovaquie. À la suite de l'éclatement de l'Union soviétique et des mouvements de démocratisation qui vont marquer l'Europe de l'Est, le Pacte de Varsovie sera dissous le premier juillet 1991. Le Pacte de Varsovie était le bras militaire du camp socialiste ; il répondait, dans sa forme et sa puissance, à l'Organisation du traité de l'Atlantique Nord, réunissant les pays occidentaux. Paradoxalement, la seule intervention militaire la plus remarquée du Pacte de Varsovie fut la répression de la Tchécoslovaquie en 1968.

Singulièrement, aucun historien militaire français ne semble s'être intéressé à cette « autre » armée allemande. Cette période de l'histoire militaire allemande parait être occultée par la multiplication des travaux consacrés principalement à la période impériale de la Première Guerre mondiale ou l'épisode national-socialiste. En conséquence, désireux d'apporter une modeste contribution à l'histoire militaire européenne, j'ai voulu porter un éclairage sur un aspect peu banal de la Réunification allemande qui a permis de dissoudre une armée ennemie sans que ne soit tiré un seul coup de feu ! Cet exploit politico-militaire germano-allemand est le fruit d'une opération d'intégration d'envergure unique sans laquelle les retrouvailles pacifiques des deux Allemagnes et la paix en Europe n'auraient pu se réaliser.

Depuis 1918, la mémoire collective européenne perpétue, à juste titre, la commémoration des conflits mondiaux, mais occulte consciemment les confrontations militaires de la Guerre froide. Bien que les nombreux « conflits excentrés » ne soient en rien comparables avec les deux catastrophes majeures qui ont ensanglanté la première moitié du XXe siècle, celle-ci n'en est pas moins la prorogation des deux précédents conflits mondiaux, opposant politiquement et militairement l'Est à l'Ouest de 1945 à 1991 ! Contrairement aux évènements ayant marqué les deux guerres mondiales, force est de constater que les nombreux affrontements, qui ont jalonné la Guerre froide, le blocus de Berlin, la crise de Cuba, ou la guerre du Vietnam, ont aujourd'hui fait place à un oubli général. Même si incontestablement il existe nombre d'ouvrages qui traitent de cette période, aussi étonnant que cela puisse paraître il ne se trouve aucune trace d'un quelconque ouvrage spécialisé consacré à la *NVA* en particulier dans la littérature militaire française.

Le socle de ce livre est basé sur l'expérience vécue de 1989 à 1994 en tant qu'observateur privilégié au sein des Forces françaises stationnées en Allemagne et est issue d'articles rédigés pour les *Cahiers du Collège de l'Enseignement supérieur de l'Armée de Terre*[1] en 2005 ainsi que pour la *Revue Sans frontières* de l'Institut franco-russe de Donetsk en 2016.

Entièrement remaniée et enrichie, cette étude historique, par sa rigueur et ses indications bibliographiques, n'a pour seule prétention que de servir d'outil de base à cette thématique. Par de courtes synthèses linéaires de la période considérée, éclairées par des notes regroupées à la fin de l'ouvrage, ce document se veut être un guide synthétique pour toutes celles et ceux qui souhaiteraient poursuivre des recherches pour étudier et approfondir par leurs travaux cet aspect particulier de la Réunification[2] allemande qui reste encore à développer au sein des universités françaises. Cette étude permettra également de découvrir tous les facteurs inhérents à la création, au développement puis à la désintégration de la *NVA* en 1990. Le *corpus* constitué pour mener à bien cette recherche repose sur des documents issus des institutions allemandes, des Archives fédérales, tout comme sur les nombreux ouvrages de langue allemande existants, dont les précieux souvenirs de Jörg Schönbohm qui a été l'officier général en charge de la dissolution de la *NVA* et de la mise en place la *Bundeswehr* dans les nouveaux *Länder* de l'Est.

Ce travail a pour seule prétention de retracer une première histoire de la *NVA*, car le sujet est bien plus vaste que ce modeste ouvrage. J'insiste toutefois sur l'étude des épisodes caractéristiques qui ont marqué l'existence de cette armée permettant une meilleure compréhension de son environnement politique, militaire et social. J'invite et engage une nouvelle génération d'étudiants et de chercheurs à découvrir cette période toujours oubliée au sein des universités françaises. Subsistera néanmoins une difficulté majeure qui consistera à maîtriser la langue allemande car seuls les germanophones seront en mesure d'étudier et d'analyser les abondantes et nombreuses archives encore non exploitées.

---

1. *Les Cahiers du CESAT* se distinguent toujours par la diversité des thèmes abordés dans des articles de quelques pages, faciles à lire. Ils abordent, généralement sous la signature d'officiers du Cours supérieur d'état-major, de grandes problématiques actuelles.
2. Noms d'événements, de périodes historiques. Seul le mot caractéristique prend la majuscule et, le cas échéant, l'adjectif qui le précède.

Introduction

> « Mon général, nous aurions pu, en un week-end, par une offensive courte, avancer jusqu'au Rhin et tout occuper. Aujourd'hui je me demande pourquoi nous ne l'avons pas fait ? »
>
> Entretien entre un ex-officier de la *NVA* et le général Schöhnbohm[1].

La *NVA (Armée nationale du Peuple)* de la République démocratique d'Allemagne-RDA *(Deutsche Demokratische Republik*[2] *– DDR)* était considérée par l'Organisation du Traité de l'Atlantique Nord[3], comme l'une des armées les plus redoutables et l'allié le plus fiable de l'URSS.

---

1. In : *Zwei Armeen und ein Vaterland. Das Ende der NVA,* Siedler Verlag, 1992. Jörg Schöhnbohm, p. 171.
2. République démocratique Allemande.
3. *North Atlantic Treaty Organization, NATO* ; aussi nommé « l'Alliance atlantique » est l'organisation politico-militaire qui rassemble de nombreux pays occidentaux, dont le but premier est d'assurer leur défense commune contre les menaces extérieures ainsi que la stabilité des continents ou sous-continents européen et nord-américain. L'OTAN est née le 4 avril 1949 à la suite de négociations lancées par les cinq pays européens signataires du traité de Bruxelles (Belgique, France, Luxembourg, Pays-Bas et Royaume-Uni) avec le Canada et les États-Unis, et cinq autres pays d'Europe invités à participer (Danemark, Italie, Islande, Norvège et Portugal). D'autres pays occidentaux l'ont rejoint par la suite, mais cinq nations européennes (l'Autriche, la Finlande, l'Irlande, la Suède et la Suisse) n'en font pas partie afin de conserver leur neutralité sur le plan militaire. Toutefois, leurs armées sont aux normes établies par les membres de l'OTAN. L'Alliance avait pour vocation initiale d'assurer la sécurité du continent européen après la Seconde Guerre mondiale, en prévenant d'éventuels soubresauts de revanchisme allemand et en s'opposant à toute tentative expansionniste de l'Union soviétique. Entre 1955 et 1991, l'adversaire désigné de l'OTAN sera le Pacte de Varsovie se présentant comme politiquement et militairement symétrique à l'Alliance atlantique. Selon les

Forte d'une armée active de 170 000 hommes et de plus de 300 000 réservistes[1] la *NVA* constituait une force considérable. Aussi, la question du devenir d'une armée aussi puissante s'était rapidement posée au sein des chancelleries diplomatiques et des États-majors de l'Otan au lendemain de la Réunification allemande en octobre 1990.

En possession d'un arsenal militaire impressionnant, la suppression d'une armée aussi forte que la *NVA* n'était pas sans risques. En effet, durant les premières phases de démantèlement des forces Est-allemandes des officiers de marine de la *NVA* avaient proclamé qu'ils étaient en mesure de saborder leurs navires de guerre dans un dernier sursaut de fierté.

Confronté à un avenir des plus incertains, des commandants d'unités d'infanterie rappelèrent, à qui voulait l'entendre, qu'ils étaient toujours en possession de suffisamment d'armements et de munitions pour s'opposer par la force à la dissolution de leur unité[2]. Est-il nécessaire de rappeler que tous les blindés, avions de chasse, et autres pièces d'artillerie de la *NVA* étaient positionnés et munitionnés pour être prêt à être engagés militairement contre l'Otan sous 72 heures !

Signalons de plus, qu'à la stupéfaction de tous les services de renseignements de l'Otan, les cadres de la *Bundeswehr* découvriront perplexes que pas moins de 24 missiles *SS* 23 à capacité

---

ambitions affichées par son secrétaire général britannique Hastings Lionel Ismay, le rôle de l'OTAN consistait au cours des années de guerre froide à « garder les Russes à l'extérieur, les Américains à l'intérieur et les Allemands sous tutelle ». Depuis la dissolution de l'URSS en 1991, l'Organisation a dû faire face à de nouvelles menaces, comme les revendications nationalistes dans l'ancien bloc communiste et l'essor du terrorisme international.

1. La *NVA* avait un effectif oscillant entre 120 000 à 180 000 hommes et en 1988 même 173 100 hommes, dont 103 000 au sein des Forces terrestres, 34 600 dans les Forces aériennes et de défense sol-air et 14 200 dans la Marine. Les chiffres sur l'état des forces de la *NVA* sont répertoriés dans les documents classifiés *Geheime Kommandosache Nr. A 471 696, Bl. 2944ff.* Theodor Hoffmann, donnera comme dernier effectif en date du 1er décembre 1989 un total de 183 910 hommes, dont 22 790 au sein du ministère et les services déconcentrés. In : *Die vergessene Armee (II) Die Geschichte der Nationalen Volksarmee der DDR 1956 bis 1990. Hauptmann Dr. Thomas Reichl. Bundesheer.at*
2. *In : Peter Schneider, "Die neuen Kameraden", Der Spiegel.* 24/94, p. 74.

nucléaire[1] bien camouflés se trouvaient en stock prêts à servir, sans compter que la *NVA* venait de percevoir quelques mois avant la Réunification le tout nouveau système de défense sol-air *S-300* (SA-10) sans que les services de renseignements occidentaux n'en aient jamais eu connaissance[2] ! Cette menace était bien réelle jusqu'à la dissolution définitive de la *NVA*.

La fin de la RDA, et par voie de conséquence de la *NVA*, sera le fruit de plusieurs enchaînements. Tout d'abord par la politique menée par Mikhaïl Gorbatchev dès son arrivée au pouvoir, puis de la volonté des citoyens est-allemands de reconquérir leur liberté de manière pacifique et, « enfin », de la non intervention armée de la *NVA* contre les manifestations de masse en RDA. Aussi me suis-je volontairement focalisé sur une chronique de la fin annoncée de la *NVA* durant les années 1989-1990, qui restera, dans la littérature militaire contemporaine la grande inconnue de cette révolution allemande.

Pour bien appréhender le sujet, il est nécessaire de ne pas négliger l'environnement historique né dès la fin de la Seconde Guerre mondiale, la politique de la RDA et même jusqu'en 1994, date à laquelle les troupes russes quitteront définitivement le territoire allemand. De ce fait, de nombreux thèmes seront abordés telle la création de la *RDA*, l'omniprésence du « frère soviétique » sur le territoire et de nombreux autres paramètres, afin d'avoir une image globale de la situation dans laquelle évoluait la *NVA* et ses soldats en RDA.

La dissolution de la *NVA*, consommée dans la nuit du 3 octobre 1990, puis la désagrégation de son potentiel et de ses

---

1. In : *Peter Schneider, "Die neuen Kameraden", Der Spiegel. 24/94, p. 74.* Le *SS-23* (code OTAN *Spider*) est un missile balistique routier soviétique de courte portée. Le système est basé sur un châssis de camion 8x8 avec un missile balistique surface-surface *9M714* porté à l'arrière du châssis. Le *SS-23* est entré en service avec les forces armées russes en 1980.
2. Le secret fut tellement bien gardé que les 12 rampes de lancement fournies par l'URSS furent réintégrées sans que les Occidentaux puissent en étudier un exemplaire. Rüdiger Wenzke: „Die Nationale Volksarmee (1956-1990) In: Torsten Diedrich, Hans Ehlert, Rüdiger Wenzke, *Im Dienste der Partei – Handbuch der bewaffneten Organe der DDR*, Potsdam, 1998.

sites militaires en moins de quatre ans est un fait unique dans l'histoire militaire du XXe siècle. Encore aujourd'hui tous les experts internationaux sont unanimes pour reconnaitre qu'ils étaient à mille lieux de concevoir un tel scénario.

La disparition de tout cet appareil politico-militaire fut mise en œuvre de façon remarquable et sans incidents par les cadres de la *Bundeswehr* avec l'assistance pleine et entière des cadres de la *NVA*. En effet, ceux-ci apporteront leur indispensable contribution au processus de transition pacifique et au bon déroulement du démantèlement des installations et de l'appareil militaire est-allemand.

Déplorant le manque de reconnaissance du rôle crucial joué par les officiers, sous-officiers et soldats de la *NVA* dans le processus de réunification de l'Allemagne et le maintien de la paix en Europe, il me semble indispensable par cet ouvrage de leur rendre hommage.

PREMIÈRE PARTIE

Naissance et développement de la *NVA*

Quand les Alliés d'hier se transforment en ennemis

> « Aujourd'hui, nous sommes les alliés des États-Unis ; mais après la guerre, de nouveau nous serons ennemies (...) Car la prochaine guerre sera bien plus encore que celle-ci, une guerre des techniques. Nous avons actuellement une occasion inespérée dont il faut vite profiter et dans tous les domaines (...) »
>
> Staline.[1]

Au cours de la Seconde Guerre mondiale, les Alliés d'alors définissent, lors des conférences de Londres[2], de Téhéran[3] et de Yalta[4] de la future division du IIIe Reich allemand. Suite à

1. Déposition de Kravchenko, Membre de la Commission d'achats soviétiques auprès du gouvernement américain jusqu'en 1944 dans le cadre de la loi prêt bail, devant le comité des Activités anti américaines. In : *L'espionnage soviétique*. J.r.d. Bourcart, Éditions Fayard, 1962, p. 150.
2. Alors que la défaite allemande devient plus que possible, les gouvernements du Royaume-Uni, des États-Unis et de l'Union soviétique se retrouvent à Londres et commencent à discuter du sort de l'Allemagne vaincue. Le 12 septembre 1944, leurs représentants signèrent le protocole de Londres qui stipulait que : « L'Allemagne, à l'intérieur de ses frontières telles que celles-ci existaient au 31 décembre 1937, sera divisée pour les besoins de l'occupation en trois zones, une de ces zones étant attribuée à chacune des trois puissances, et en une zone spéciale pour Berlin qui sera occupée conjointement par les trois Puissances. »
3. La Conférence de Téhéran, qui se déroula du 28 novembre au 1er décembre 1943, fut la première rencontre réunissant les trois principaux dirigeants des Alliés : Churchill, Roosevelt et Staline. Deux importantes décisions militaires et une décision politique y furent prises : l'organisation d'un débarquement en Normandie en juin 1944 ; le rejet par Staline et Roosevelt du projet britannique d'offensive par la Méditerranée et les Balkans ; le principe d'un démembrement de l'Allemagne, d'un partage de l'Europe en zones d'influence et du déplacement des frontières de la Pologne vers l'Ouest.
4. La conférence de Yalta est la réunion des principaux responsables de l'Union soviétique, du Royaume-Uni et des États-Unis. Elle s'est tenue du 4 au 11 février 1945 dans les environs de la station balnéaire de Yalta en Crimée. Elle a été préparée par la conférence de Malte du 31 janvier au 3 février 1945, où les Anglo-Américains se sont concertés pour présenter un front uni à Staline sur la planification de la campagne finale contre les troupes allemandes et

la capitulation sans condition de la *Wehrmacht* le 8 mai 1945, l'Union soviétique, la Grande-Bretagne et les États-Unis concrétisent en juillet 1945 à la conférence de Potsdam[1] la division de l'Allemagne en quatre zones d'occupation et Berlin en quatre secteurs[2], sous la responsabilité de chacun des pays vainqueurs.

Dans le cadre des réparations de guerre, la démilitarisation économique, et plus particulièrement le démantèlement des installations industrielles, sont réalisées de manière indépendante dans chaque zone d'occupation.

---

japonaises et sur la limitation de la progression de l'Armée rouge en Europe centrale. Les buts de la conférence de Yalta sont les suivants : adopter une stratégie commune afin de hâter la fin de la Seconde Guerre mondiale ; régler le sort de l'Europe après la défaite du Troisième Reich ; garantir la stabilité du nouvel ordre mondial après la victoire.

1. La conférence de Potsdam a été organisée par les puissances alliées pour fixer le sort des nations ennemies. Elle a débuté le 17 juillet et s'est terminée le 2 août 1945 près de Potsdam, à l'ouest de Berlin. Le 26 juillet, un ultimatum est signifié à l'Empire du Japon, au nom des États-Unis, du Royaume-Uni et de la République de Chine. Elle s'est déroulée avant même la fin de la Seconde Guerre mondiale pour fixer le sort des ennemis des forces alliées. Si l'Allemagne avait capitulé depuis deux mois, la victoire était presque imminente sur le Japon qui venait de subir de lourdes pertes territoriales et militaires, et qui allait en perdre davantage avec les deux bombes atomiques américaines d'Hiroshima et de Nagasaki. Le 2 septembre 1945 le Japon capitula. Les États-Unis, auteurs le 16 juillet 1945 du premier essai nucléaire au monde, étaient en position de force pour négocier. L'accord de Potsdam sera promulgué et signé par les États-Unis, le Royaume-Uni et l'Union soviétique le 26 juillet 1945.
2. Quelques jours après la bataille de Berlin, la capitulation allemande est signée les 7 et 8 mai 1945 mettant fin à la Seconde Guerre mondiale en Europe. Les troupes soviétiques et leurs Alliés occidentaux prennent alors chacun position dans les quatre zones d'occupation prévues par les accords de Londres et de Yalta qui leur ont été attribuées, ainsi qu'à Berlin, elle-même divisée en quatre secteurs. Le territoire allemand a préalablement été réduit à celui du Reich dans ses frontières du 31 décembre 1937, c'est-à-dire avant les premières annexions hitlériennes. Celui-ci est amputé, par la suite, de la portion située à l'est de la ligne Oder-Neisse qui est annexée par la Pologne et l'URSS. À l'Ouest, en 1947, la Sarre est également détachée de l'État allemand et devient pendant dix ans un état souverain, placé sous protectorat français. Ces zones sont placées sous la responsabilité conjointe d'un Conseil de contrôle allié qui siège à Berlin et assure une partie de la souveraineté allemande.

Dès la fin du conflit, l'Union soviétique met rapidement en place dans sa Zone d'occupation (*Sowjetische Besatzungszone-SBZ)*[1] une administration militaire qui a un rôle de contrôle et de gestion, mais surtout celui de faire naître un système politique correspondant aux vœux de Moscou. Cette administration réglemente l'ensemble de la vie politique et sociale des Allemands vivant à l'Est et dispose de tous les pouvoirs. Au plus fort de son existence cette administration emploie jusqu'à 50 000 personnes.

Afin de garantir l'apparence d'une liberté d'expression, l'administration militaire soviétique autorise les échanges politiques ouvertement démocratiques qui doivent permettre de développer un nouveau système de gestion et une ouverture politique vers les autres zones d'occupation. En octobre 1945, les autorités soviétiques décident même de créer cinq régions pourvues de pouvoirs législatifs !

Mais la reconstruction politique de la zone russe se trouve en fait entre les mains de Walter Ulbricht[2] et d'autres émigrés politiques allemands en URSS, membres du Parti communiste d'Allemagne (*Kommunistische Partei Deutschlands*[3] ou

Walter Ulbricht devient en 1960 président du Conseil national de Défense et président du nouveau Conseil d'État ; il est ainsi l'unique chef de la RDA jusqu'en 1971.
Bundesarchiv, Bild 183-J1231-1002-002

1. Trad. : zone d'occupation soviétique en Allemagne.
2. Walter Ulbricht était un homme politique allemand, membre du Parti communiste d'Allemagne puis du Parti socialiste unifié d'Allemagne. Il fut l'un des principaux dirigeants de la République démocratique allemande, en tant que secrétaire général du *SED* et président du Conseil d'État.
3. Le parti communiste allemand.

KPD). Ce groupe politique, très actif durant la Seconde Guerre mondiale et dès la fin du conflit, se voit confier de nombreux postes clés dans les gouvernements locaux nouvellement créés dans la zone d'occupation soviétique en Allemagne. Ils sont les auxiliaires zélés de la construction de l'administration allemande prosoviétique supplétive de l'administration militaire soviétique en Allemagne (*Sowjetische Militäradministration in Deutschland)*[1]. Par de multiples machinations et manœuvres politiques, Walter Ulbricht et ses comparses parviennent rapidement, avec l'aide de l'administration soviétique, à leurs fins et mettent un terme, sans autre forme de procès, au semblant de démocratie, autorisé jusque-là, et donnent naissance au Parti socialiste des travailleurs allemands. (*Sozialistische Einheitspartei Deutschlands-SED)*[2].

Après cette mise sous tutelle brutale de sa zone d'occupation, l'hégémonie de l'Union soviétique en Europe centrale et orientale ne connaît plus de limites. Un rideau de fer[3], selon la célèbre formule de Winston Churchill[4], vient de tomber sur l'Europe

1. L'administration militaire soviétique en Allemagne était la plus haute autorité d'occupation et *de facto* une sorte de gouvernement au sein de la zone d'occupation soviétique et ce jusqu'à la remise des pouvoirs entre les mains du gouvernement de la RDA le 10 octobre 1949.
2. En avril 1946, les Soviétiques obligent les membres du Parti social-démocrate (*SPD*) et du Parti communiste (*KPD*) en activité dans leur zone d'occupation à fusionner au sein d'un seul et unique parti marxiste-léniniste : le *SED* (Parti socialiste unifié d'Allemagne) est alors fondé, son organisation étant calquée sur celle du Parti communiste de l'Union soviétique.
3. Le Rideau de Fer était la frontière militaire fortifiée en Europe, entre les États européens placés sous influence américaine et ceux protégés par les Soviétiques. Il s'agit d'une expression popularisée par Winston Churchill à partir de son discours à Fulton le 5 mars 1946. Ce « rideau » comportait des lignes de barbelés séparées par des *no man's land*, des champs de mines et des miradors armés de mitrailleuses du côté soviétique. Du côté occidental, il y avait de nombreux dispositifs d'observation. La section la mieux fortifiée, surveillée et la plus célèbre était le Mur de Berlin ainsi que le village de Mödlareuth en Allemagne, situé sur la frontière RFA / RDA et coupé en deux par un mur semblable à celui de Berlin. Le but de ces installations était d'empêcher le passage des populations de l'Est vers l'Ouest.
4. Winston Leonard Spencer-Churchill était un homme d'État britannique. Son action décisive en tant que Premier ministre du Royaume-Uni de 1940 à 1945,

de l'Est. Depuis longtemps Staline a une vision d'expansion politique et militaire et le Monde libre prend tardivement conscience de ce danger et tente de s'y opposer par l'adoption d'une politique d'endiguement[1].

Les crises politiques se multiplient

Simultanément, des conflits d'ordre politique et territorial opposent continuellement les anciens Alliés. Les Britanniques et Américains fusionnent leur zone d'occupation en Allemagne en bizone et le 5 juin 1947 ils encouragent le développement du plan Marshall[2] officiellement appelé « Programme de rétablissement européen ». Ce programme américain de prêts est accordé aux différents États de l'Europe pour contribuer à la reconstruction des villes et des installations bombardées lors de la Seconde Guerre mondiale. Considéré comme une « ingérence » dans leur zone d'occupation, l'URSS procède à la création d'un système

---

son rôle durant la Seconde Guerre mondiale, joints à ses talents d'orateur et à ses bons mots en ont fait un des grands hommes politiques du XXe siècle.

1. L'endiguement est la stratégie de politique étrangère adoptée par les États-Unis après-guerre. L'endiguement visait à stopper l'extension de la zone d'influence soviétique au-delà de ses limites atteintes en 1947 et à contrer les États susceptibles d'adopter le communisme.
2. Ces prêts étaient assortis de la condition d'importer pour un montant équivalent d'équipements et de produits américains, et pour les États bénéficiaires l'engagement d'accorder un financement du double du montant octroyé. L'administration Truman le préféra au plan Morgenthau qui prévoyait de faire payer les réparations par l'Allemagne. En effet, plusieurs experts se souvenaient des effets désastreux d'une telle politique après la Première Guerre mondiale : la question des réparations allemandes avait en partie déclenché une hyperinflation, entravé la reprise économique et facilité la prise du pouvoir par les nazis. L'initiative fut baptisée, par les journalistes, du nom du Secrétaire d'État des États-Unis, le général George Marshall, qui, lors d'un discours le 5 juin 1947 à l'université Harvard, exposa la volonté du gouvernement des États-Unis de contribuer au rétablissement de l'Europe. Il sera signé par 16 pays le 20 septembre 1947.

similaire qui prendra le nom de Conseil d'Assistance économique mutuelle, plus connu sous le nom de *COMECON*[1].

Après un net durcissement entre « Alliés d'antan », les tensions connaissent leur premier paroxysme le 20 mars 1948. En représailles aux décisions prises par les délégués des puissances occidentales, relatives à la démocratisation de la Trizone[2], le représentant de l'Union soviétique proteste énergiquement et renonce à participer aux réunions du Conseil de contrôle[3]

1. Cet organisme avait pour but une meilleure planification et la spécialisation des industries nationales des pays communistes. Les pays dits « socialistes » avaient adopté au sein du CAEM la compensation bilatérale, seule méthode applicable aux échanges extérieurs d'un pays à économie planifiée. Ils ont ensuite introduit la compensation multilatérale, plus propice à surmonter les obstacles au développement des pays du CAEM et où le « rouble transférable » devait jouer le rôle d'unité comptable. Sur le plan macro-économique, le « rouble transférable » fut plutôt un moyen de comparaison du volume des livraisons réciproques. La création du CAEM, qui peut être vue comme une réaction au plan Marshall qui aida à la reconstruction de l'Europe occidentale et à la formation du « monde libre », provoqua une dépendance économique accrue des pays satellites d'Europe de l'Est envers l'Union soviétique, entre autres par l'obligation de l'usage du « rouble transférable » dans les transactions inter-États, renforçant ainsi l'hégémonie de l'Union soviétique. L'organisation jouait aussi un rôle politique essentiel pour l'URSS puisqu'elle lui permettait d'obtenir en échange un grand poids dans les affaires intérieures grâce à des subventions, des prêts ou l'envoi de main-d'œuvre.
2. La Trizone est le nom donné à la partie ouest de l'Allemagne de 1948 à 1949, constituée par les trois zones d'occupation alliées occidentales (française, britannique et américaine). Elle fut constituée le 3 juin 1948 à la suite du ralliement de la zone française au sein de la Bizone, créée précédemment le 2 décembre 1946 par la fusion des zones d'occupation britannique et américaine. La Sarre, qui constituait alors un État indépendant et souverain, sous protectorat français, n'en faisait pas partie. Le 16 avril 1948, quelques semaines avant la création de la Trizone, la Bizone et la zone française devenaient membres fondateurs de l'Organisation Européenne de Coopération Economique (OECE), dont la charge initiale fut de répartir les crédits accordés par le plan Marshall. Le 20 juin 1948, les « alliés » dotent leur trizone d'une monnaie commune : le *Deutsche Mark* en remplacement de l'ancien *Reichsmark*. En 1949, afin de créer un État allemand fort, les autorités occidentales décidèrent de remplacer la Trizone par la République Fédérale d'Allemagne (RFA), dont le développement fut supervisé par une Haute commission alliée.
3. Le Conseil de contrôle allié ou Autorité de contrôle allié, aussi appelée par les quatre puissances, était l'organe directeur des zones d'occupation alliées en Allemagne après la fin de la Seconde Guerre mondiale en Europe, particulièrement pendant la période entre 1945 et 1949, assurant ainsi l'ensemble des

chargé de régir les relations entre les forces occupantes. Au même moment est organisé le second congrès du *SED*. À cette occasion les délégués décident de rejeter le plan Marshall et discutent sur un projet tendant à la réunification allemande (!). Mais le point d'orgue de ce congrès est l'élection du premier Conseil du Peuple (*Volksrat*) composé de 300 membres provenant de la zone d'occupation soviétique et 100 personnalités cooptées provenant de la zone d'occupation de l'Ouest, selon le postulat d'Ulbricht « tout doit avoir l'air d'être opéré démocratiquement mais nous devons tout avoir sous contrôle ! » Durant les travaux du Conseil du Peuple un projet de Constitution pour une future République démocratique allemande est élaboré.

> « Tout ce dont les Russes ont besoin pour traverser le Rhin, ce sont des chaussures. »
>
> Robert Lovett. Sous-secrétaire d'État *US*.

La rapide détérioration des relations entre les quatre occupants s'accentue précipitamment. Les Américains décident d'une réforme monétaire qui aboutit à la création dans la zone ouest du *Deutsch-Mark* le 20 juin 1948. Staline perçoit tout de suite les conséquences économiques et politiques de cette réforme qui est le premier pas vers la création d'un nouvel État occidental. Cela conduit l'Union soviétique à bloquer toutes les voies d'accès terrestres, ferroviaires et fluviales menant à Berlin-Ouest le 24 juin 1948. Il interdit également l'utilisation de la nouvelle monnaie et

---

compétences d'un gouvernement allemand. Les membres en étaient les commandants en chef de chacune de ces zones d'occupation (la France qui refusa au départ le principe d'une administration centrale sur les quatre zones, rejoignit plus tard le conseil). Il était assisté dans sa tâche par un Comité de coordination et de dix Directoires jouant le rôle de ministères. Le conseil siégeait à Berlin. Les décisions prises par le conseil de contrôle se faisaient à l'unanimité, chacun de ses représentants disposant d'un droit de *veto*. Le Conseil de contrôle est mis en place le 5 juin 1945. La première mesure de dénazification qu'il prit fut l'abrogation du droit nazi. Il perdit une grande partie de son autorité sur l'ensemble du territoire allemand, lors du départ des représentants soviétiques le 20 mars 1948. La Haute commission alliée-*Allied High Commission* qui lui succéda, ne regroupera que les représentants des puissances occidentales et sera chargée de gérer cette Trizone, devenue en 1949 la République fédérale d'Allemagne.

ainsi débute le « Blocus de Berlin[1]. » C'est non seulement l'avenir de Berlin mais celui de l'Europe occidentale qui se joue. Afin d'assurer la survie de la population de leur zone d'occupation, les Alliés occidentaux s'organisent et fournissent, durant onze mois, les denrées indispensables à la vie des Berlinois par un pont aérien depuis plusieurs aéroports d'Allemagne de l'Ouest. Face à l'inutilité du Blocus, les Soviétiques lèvent le 12 mai 1949 tous leurs barrages et l'approvisionnement aérien s'arrête le 27 août 1949 pour aboutir au *statu quo ante*.

Malgré l'échec de cette tentative de déstabilisation de la part de l'URSS[2], Moscou exploite cette période pour étendre son emprise définitive à l'Est et instaure dans les autres pays sous son influence des démocraties populaires qu'elle tente de contrôler totalement. Le Blocus de Berlin est la première grande crise qui prédispose en particulier les Américains à encourager la résurgence d'un État et d'une armée allemande à l'Ouest. Les nouvelles d'une adoption imminente de la loi fondamentale de Bonn en mars 1949 surprennent le Conseil du Peuple qui proclame aussitôt « l'état d'urgence nationale ». La création de la République fédérale d'Allemagne (*Bundesrepublik Deutschland)* le 23 mai 1949, avec à sa tête comme premier chancelier Konrad Adenauer[3], pousse les dirigeants du *SED*

1. Les origines du blocus remontent aux négociations entreprises par les Alliés à la fin de la Seconde Guerre mondiale pour régler le sort de l'Allemagne nazie. Une des raisons de ce blocus fut aussi la réforme monétaire de la zone d'occupation britannico-franco-américaine (la Trizone). Face à la décision des Alliés de créer une nouvelle monnaie, le *Deutsche Mark*, l'URSS qui n'avait pas été consultée bloqua les voies terrestres d'accès à Berlin-Ouest pour y prévenir l'implantation de la nouvelle monnaie.
2. L'Union soviétique mettra fin au blocus le 12 mai 1949.
3. Konrad Adenauer était un homme d'État allemand membre de l'Union chrétienne-démocrate. Résistant lors de la Seconde Guerre mondiale, il fut, de 1949 à 1963, premier chancelier fédéral de la jeune République fédérale d'Allemagne, auteur de son redressement et de son ancrage atlantiste et européen. Il est considéré comme le fondateur de l'Allemagne contemporaine. Adenauer est également l'un des pères de l'Europe et, avec le général de Gaulle, l'un des promoteurs de la réconciliation franco-allemande. Il sera le plus vieux dirigeant exécutif d'une démocratie dans l'histoire, ayant atteint ses 87 ans à la chancellerie fédérale.

à convoquer en urgence et réunir en congrès extraordinaire tous ses membres. Les 28 et 29 mai 1949, alors que la nouvelle Constitution de la RFA est paraphée et promulguée, le Conseil du Peuple en zone soviétique se renouvelle et les membres nouvellement élus adoptent une Constitution créant la RDA qui sera promulguée le 7 octobre 1949. Le premier président[1] de la RDA est Wilhelm Pieck[2], mais l'homme fort du régime est en fait Walter Ulbricht nommé secrétaire général du Comité central du Parti socialiste unifié d'Allemagne (*Sozialistische Einheitspartei Deutschlands)*[3], parti qui est dorénavant au pouvoir.

En moins de cinq ans, un peuple uni par Bismarck en 1870[4], s'oppose

La scission territoriale, politique et culturelle de l'Allemagne est alors consommée pour les quarante années suivantes. En 1955, la RFA intègre également l'Organisation du Traité de

1. Après le décès de Wilhelm Pieck, le titre de Président de la RDA sera aboli, pour être remplacé par celui de Président du Conseil d'État, assumé à partir de 1960 par Walter Ulbricht.
2. En 1946, après la création du *SED*, il sera élu premier secrétaire du parti. Il le restera jusqu'à la création officielle de la République démocratique allemande, date à laquelle il deviendra président du nouvel État. Il fut le seul dirigeant de la RDA à porter ce titre. Pieck occupera le poste de Président de la RDA jusqu'à sa mort survenue le 7 septembre 1960, après avoir été réélu en 1953 et 1957. Il laissera la place de premier secrétaire le 24 juillet 1950 à Walter Ulbricht.
3. Le Parti socialiste unifié d'Allemagne était le parti politique de la République démocratique allemande d'obédience communiste. En avril 1946, les Soviétiques obligeront les membres du Parti social-démocrate d'Allemagne (SPD) et du Parti communiste allemand (KPD) en activité dans leur zone d'occupation à fusionner au sein d'un seul et unique parti marxiste-léniniste. Seul parti autorisé, il jouera en Allemagne de l'Est le rôle d'un parti unique, possédant le monopole de l'action politique au sein de ce pays. L'organisation étant calquée sur celle du Parti communiste de l'Union soviétique, la propagande montre cette fusion comme une fusion volontaire. (**VOIR NOTE 23** !)
4. Otto von Bismarck était un homme politique prussien puis allemand. Il est à la fois ministre-président du royaume de Prusse de 1862 à 1890, chancelier de la Confédération de l'Allemagne du Nord de 1867 à 1871, avant d'accéder au poste de premier chancelier du nouvel Empire allemand en 1871, poste qu'il occupe jusqu'en 1890, tout en conservant sa place de ministre-président de Prusse. Il jouera un rôle déterminant dans l'unification allemande de 1871.

l'Atlantique Nord dont le fondement réside dans l'article 5, qui stipule qu'une attaque contre l'un de ses membres équivaut à attaquer l'ensemble d'entre eux, avertissement non voilé à l'égard de l'URSS[1].

Deux pays frères parlant la même langue et dont les ressortissants ont de près ou de loin des attaches familiales dans l'autre zone allemande s'affrontent désormais. Dès lors, la République fédérale d'Allemagne et la République démocratique allemande rêvent de réunifier, sous la tutelle des deux Grands, « l'autre Allemagne » à leur profit idéologique[2].

Tandis que la RFA se prépare à réintégrer le concert des nations démocratiques, la RDA se transforme rapidement en une dictature communiste. Les cours de russe deviennent obligatoires dans les universités, et afin d'éviter des velléités d'indépendance vis-à-vis du pouvoir central, les diètes régionales, pourtant mises en place par les Soviétiques, sont abrogées et les 5 *Länder* constituant l'Allemagne de l'Est sont dorénavant remplacés par une structure plus centralisatrice constituée de 15 districts territoriaux sous contrôle de la structure du Parti.

1. Mais avec l'arrivée au pouvoir du président Eisenhower en 1953, le gouvernement *US* adopte la stratégie des « représailles massives » qu'il impose ensuite à l'OTAN en 1954 : à toute attaque, l'armée américaine ripostera désormais par l'usage de l'arme atomique. Pour Washington, chaque pays européen a, dès lors, une fonction particulière : l'Allemagne est un « bouclier » qui, grâce à des armes conventionnelles et nucléaires tactiques (bombes A, dites de « champ de bataille ») doit essuyer le premier choc d'une attaque soviétique et donner au « glaive » (les unités aériennes stratégiques du *SAC*, le *Strategic Air Command*, basées en Grande-Bretagne et dotées d'armes de destruction massive, les bombes H) le temps de riposter et de frapper au cœur de l'Union Soviétique.
2. Mais en plus de ces deux Etats existait la situation particulière de Berlin-Ouest. Bien que la République fédérale considère la ville comme un *Land*. En vertu du droit international, tout Berlin se trouvait depuis la fin de la Seconde Guerre mondiale sous statut d'occupation des quatre puissances victorieuses. Mais l'Union soviétique avait transféré ses droits sur Berlin-Est à la RDA. Sur le rôle de Berlin-Ouest dans l'accord quadripartite de 1971, les États-Unis, l'Union soviétique, la France et la Grande-Bretagne signifieront « que les liens entre les secteurs occidentaux de Berlin et la République fédérale d'Allemagne seront maintenus et développés, en tenant compte du fait que ces secteurs continueront à ne pas faire partie de la République fédérale d'Allemagne et ne seront pas gouvernés par elle ».

Une politique antireligieuse est également mise en place et nombreuses sont les arrestations de pasteurs évangéliques.

La *SED* exerce sans coup férir son contrôle totalitaire sur la population est-allemande en édifiant sa politique de surveillance et de répression autour d'un outil redoutable : le ministère pour la Sécurité d'État (*Ministerium für Staatssicherheit ou MfS)*[1] plus connu en France sous l'appellation de *Stasi.*

La tristement célèbre *Stasi*[2], est créée le 8 février 1950 et calquée sur la police politique soviétique de l'époque[3]. Ses missions évoluent au fils des années et consistent entre autres en la traque de ceux qui prônent des opinions non conformes, le contrôle systématique des moyens de communication, le contre-espionnage, la surveillance des personnes suspectes au sein de la population de jour comme de nuit.

Sur le modèle des procès[4] conduits en URSS à la fin des années 1930, les nouveaux maîtres de l'Allemagne de l'Est purgent de

1. Trad : le ministère de la Sécurité d'État était le service de police politique, de renseignements, d'espionnage et de contre-espionnage de la République démocratique allemande. Sous tutelle du gouvernement de la RDA, la *Stasi* était désignée comme le bouclier et le glaive du parti (*Schild und Schwert der Partei*) par la propagande du régime.
2. Abréviation de *Staatssicherheit.* Elle comptait parmi ses membres fondateurs d'anciens gestapistes.
3. Créé le 15 novembre 1923 le *NKVD,* ancêtre du *KGB,* ou Commissariat du peuple aux Affaires intérieures, était la police politique de l'URSS, classé dans les services de renseignement – équivalente à un ministère. En 1934 il devient l'organe central de l'administration d'État de l'URSS jusqu'au 19 mars 1946 lorsqu'il est transformé en « ministère des Affaires intérieures » de l'URSS. Le *NKVD* regroupait différentes forces publiques régulières de police de l'Union soviétique, comprenant notamment la police routière, la lutte anti-incendie, les gardes-frontières et les archives. Le *NKVD* cumulait des pouvoirs policiers et judiciaires, il comprenait également une section qui avait le droit d'ordonner, par simple mesure administrative, la déportation dans les *goulags.*
4. Ces procès sont précédés par ceux de l'époque léniniste : les procès des socialistes-révolutionnaires et des responsables de l'Église orthodoxe de Russie en 1922. La forme identique prise par ces procès politiques au long de l'Histoire de l'URSS sous Staline les a érigés en concept : Le coupable d'avance (car il reconnaît son crime, à la suite d'une préparation psychologique adéquate et si nécessaire sous la menace directe ou indirecte visant ses amis ou sa famille) est jugé sans pitié et avec un respect tout formel des procédures, car tout est préparé d'avance ; la parodie de procès sert à justifier les Grandes Purges, mais

1950 à 1951 l'administration, le Parti ainsi que d'autres institutions. Au total près de 150 000 éléments considérés comme indésirables ou suspects sont exécutés, emprisonnés ou démis de leurs fonctions.

La remilitarisation de l'Allemagne de l'Est

Dès le début de l'occupation soviétique en Allemagne, Staline[1] a comme dessein secret de remilitariser sa zone d'influence face au développement de l'implantation militaire occidentale en RFA. Il est évident qu'un tel projet ne peut être réalisé que progressivement. Pour ne pas éveiller immédiatement les soupçons des Occidentaux, et sous couvert de garantir le maintien de l'ordre et la sécurité de la population allemande, l'administration militaire soviétique coordonne en octobre 1948 la mise en place d'unités de police allemandes appelées Unités d'intervention de la police du peuple (*Bereitschaften der Volkspolizei).*

Le régime est-allemand crée ainsi une quarantaine de ces unités de la police encasernées qui ont à leur début un effectif de 100 à

---

aussi à faire porter le poids des échecs économiques à des boucs émissaires. Certains de ces procès étaient tenus secrètement, ce qui est caractéristique d'une dictature lors de l'Époque contemporaine.

1. Joseph Djougachvili, connu sous le nom de Joseph Staline, également surnommé par sa propre propagande le *Vojd* (« Guide ») ou Le père des peuples, était secrétaire général du Parti communiste soviétique à partir de 1922, il dirige l'Union des Républiques socialistes soviétiques à partir de la fin des années 1920 jusqu'à sa mort en 1953. Il établit un régime de dictature personnelle. Son souvenir est aussi associé à la victoire militaire des Alliés sur l'Allemagne nazie dont l'Union soviétique est le principal artisan. Ce conflit, après avoir mis l'URSS au bord du gouffre, apporte ensuite à Staline un très grand prestige dans le monde entier et lui permet d'affirmer son emprise sur un empire s'étendant de la frontière occidentale de la RDA à l'océan Pacifique. Après la mort de Staline, ces pratiques sont dénoncées par Nikita Khrouchtchev au cours du XXe congrès du Parti communiste de l'Union soviétique en 1956 : la déstalinisation et la relative détente qui s'ensuivent n'entraînent cependant pas une démocratisation en profondeur du bloc de l'Est. Ce n'est qu'à l'époque de la *perestroïka* mise en place par Mikhaïl Gorbatchev que les crimes de Staline peuvent être dénoncés en URSS dans toute leur ampleur.

250 hommes. Elles se trouvent sous l'autorité du Département principal police des frontières et d'intervention (*Hauptabteilung Grenzpolizei und Bereitschaften)* au sein de l'Administration allemande de l'Intérieur. (*Deutsche Verwaltung des Innern).* En 1948, le rapport de forces conventionnelles militaires Est-Ouest étaient numériquement en faveur de l'URSS. D'après des sources américaines de l'époque, les Soviétiques possédaient plus de 2,5 millions d'hommes sous les armes, formant 175 divisions dont pas moins de 84 divisions dans la zone d'occupation en Allemagne[1]. Les Alliés quant à eux ne disposaient que de 16 divisions dont la majorité était dans un état de délabrement total. Il s'avère néanmoins qu'à ce moment les Soviets n'avaient pas réalisé un quelconque plan d'attaque, aussi les opérations de remilitarisation de la partie de l'Allemagne de l'Est se poursuivirent.

En juillet 1949, les éléments de la police des frontières (*Grenzpolizei)* sont retirés de l'*Hauptabteilung Grenzpolizei und Bereitschaften* qui prend sitôt le nom de Collège central de formation (*Verwaltung für Schulung*) et a ainsi l'entière responsabilité de toutes les unités d'interventions (*Bereitschaften).*

À la création de la RDA, le 7 octobre 1949, la *Deutsche Verwaltung des Innern* évolue en ministère de l'Intérieur (*Ministerium des Innern* ou *MdI)* et sept mois plus tard la *Verwaltung für Schulung* est officiellement renommée en Administration centrale formation (*Hauptverwaltung Ausbildung ou HVA)*[2]. Sous l'apparence trompeuse d'une nouvelle entité administrative policière se cache en réalité une structure administrative qui en toute discrétion se charge de préparer la mise sur pied de la future Armée est-allemande.

Très rapidement, Ulbricht dépêche en URSS cent vingt de ses meilleurs éléments[3] pour suivre une formation militaire initiale en

1. In Oliver Michel, *Glut unter der Asche, Deutsche Teilung. Ära Ausgabe, 2009,* p. 10.
2. La formation de gestion principale.
3. L'origine des officiers des forces de police puis militaires provenait pour 1/3 d'officiers de la *Wehrmacht,* 1/3 de sous-officiers de la *Wehrmacht* et le dernier tiers puisé parmi les vétérans volontaires communistes de la guerre d'Espagne.

vue de les préparer à leurs prochaines fonctions d'encadrement supérieur dans les nouvelles forces d'Allemagne de l'Est. Sous la surveillance constante de conseillers de l'Armée soviétique, ils se familiarisent à la tactique et à l'organisation administrative de l'Armée soviétique qui sert en fait de modèle unique. Au même moment, des dizaines de milliers de « policiers » sont intégrés aux *HVA-Bereitschaften,* là ils sont préparés à leurs futures missions militaires sous la tutelle pleine et entière de la Direction allemande de la commission de contrôle soviétique. En 1949, les *Bereitschaften* comprennent 24 unités d'infanterie, 7 d'artillerie, 3 de blindés, 2 du génie et 3 de transmissions.

Une grande part de l'équipement et du matériel militaire provient de l'Union soviétique qui fournit également les munitions nécessaires pour l'entraînement au tir. Les *HVA-Bereitschaften* se forment dans des camps de manœuvres russes au combat d'infanterie, toujours sous la surveillance constante de conseillers et d'observateurs de l'armée soviétique.

Alors que le 26 mai 1952, les Alliés occidentaux signent avec la RFA un accord qui abroge le statut d'occupation dans la partie ouest de l'Allemagne[1], Moscou somme, en avril 1952, les responsables politiques est-allemands d'accélérer la création d'une force armée régulière.

Suivant à la lettre les directives du Kremlin, Willi Stoph[2], ministre de l'Intérieur de la RDA, ordonne le 1er juillet 1952 que

1. Le secrétaire d'État américain Dean Acheson signera les accords de Bonn devant mettre un terme au statut d'occupation de la République Fédérale d'Allemagne (RFA) et permettre ainsi le rétablissement progressif de la souveraineté allemande. Cette convention sera effective dès que le traité instituant la Communauté Européenne de défense (CED) entrera en vigueur.
2. De 1950 à 1952, il est président de la commission économique de la Chambre du peuple, chef du bureau des questions économiques auprès du Conseil des ministres de RDA chargé de fonder le ministère de la Sûreté de l'État (*MfS*) et de créer la police populaire casernée (*KVP*). En 1950, Willi Stoph devient membre du Comité central du *SED* et représentant à la Chambre du Peuple, deux fonctions qu'il gardera jusqu'en 1989 et la fin de la RDA. De 1952 à 1955, il est ministre de l'Intérieur. À ce poste, il a officiellement à sa disposition toutes les forces armées de la RDA. De 1954 à 1962, il occupe la vice-présidence du Conseil des ministres. À partir de 1955, il est responsable de la police du peuple casernée (*KVP*), du

les *HVA-Bereitschaften* se transforment en une police du peuple encasernée (*Kasernierte Volkspolizei* ou *KVP)* C'est la naissance d'un embryon de force armée nationale qui est le précurseur de la future *NVA*.

De la crise économique à la crise de régime

En janvier 1953, Ulbricht veut obtenir une plus grande autorité sur ses forces paramilitaires, et obtient de Staline, toujours très suspicieux à l'égard des Allemands, un accord de principe sur le déploiement de policiers uniquement est-allemands en vue de mieux contrôler la frontière, qui à Berlin était encore particulièrement étanche[1]. C'est à ce moment que la RDA se voit confrontée à une situation économique calamiteuse.

Ulbricht et les membres *du SED* décident, en accord avec les autorités soviétiques, de faire des économies d'échelle en procédant à une diminution drastique des effectifs[2] de la *Kasernierte Volkspolizei*. Les gains substantiels ainsi réalisés doivent bénéficier à l'économie est-allemande. En outre, le *SED* ordonne une augmentation des normes de production de travail de l'ordre de 10 % (baissant d'autant les salaires des ouvriers).

En réaction à cette dernière décision, les ouvriers de plusieurs usines se mettent en grève le 16 juin 1953. Le lendemain, un groupe de travailleurs se dirige vers le siège du gouverne-

ministère de la Sûreté de l'État (*MfS*), de l'administration pour la technique, de l'administration pour la recherche et la technique nucléaire ainsi que du conseil scientifique pour l'application pacifique de l'énergie atomique. De 1956 à 1960, il est ministre de la Défense nationale et en cette qualité un des représentants du haut commandement des forces armées unies des États du Pacte de Varsovie. Il est nommé en 1959 au grade de général de la *Nationale Volksarmee*.

1. Un flot ininterrompu de gens en partaient, pour des raisons familiales, économiques et surtout politiques – plus de 2 600 000 personnes de 1949 à 1961. Fuir la RDA était assez simple : il suffisait d'aller à Berlin-Est, de prendre un ticket de *S-Bahn* ou de métro et de descendre dans une station à l'Ouest : les contrôles à la frontière n'étaient que sporadiques. De Berlin-Ouest, on prenait l'avion pour l'Allemagne de l'Ouest.
2. Qui avait déjà atteint un effectif de plus de 90 000 hommes.

ment de la RDA pour déposer une pétition réclamant le retour aux anciennes normes, tout en dénonçant l'alourdissement des nouvelles cadences mises en place par le gouvernement. C'est le prélude à une révolte qui gagne très vite le reste du pays qui amène des dizaines de milliers d'Allemands de l'Est à descendre dans les rues des principales villes du pays[1] pour manifester leur exaspération et réclamer justice et plus d'indépendance. En effet, les habitants du secteur soviétique pensent que la mort de Staline, survenue le 5 mars 1953, leur permet plus de liberté.

Devant ce coup de force, Ulbricht fait appel aux troupes soviétiques[2] pour organiser la riposte à ce soulèvement immédiatement qualifié de contre-révolutionnaire et commandité par les Occidentaux. Le lendemain, le 17 juin 1953 à 13 heures, l'état de siège est proclamé. Le soulèvement est conjointement réprimé par les troupes soviétiques et par la police est-allemande[3], sans provoquer une intervention politique ou militaires de la part des Occidentaux[4/5].

Les troubles s'interrompent définitivement à compter du 23 juin. À partir de cette date, le *SED* mène des opérations

---

1. La foule attaquera les locaux de la police, conspuera les dirigeants, incendiera les sièges des journaux, etc.
2. À Berlin Est les Soviétiques feront intervenir la 1ère et 14e division mécanisée, et la 12e division blindée avec environ 600 blindés de type *T-34*. Dans le reste du pays environ 13 divisions participeront à l'écrasement de l'émeute.
3. L'intervention d'une colonne de chars et des forces de l'ordre se soldera par la mort d'une cinquantaine de manifestants à Berlin-Est et de nombreux blessés, les soldats tirant alors à vue sur des citoyens désarmés. Trois membres du *SED* et une quarantaine de soldats de l'Armée rouge seront tués lors les événements. 3 000 personnes seront arrêtées par les Soviétiques et 13 000 emprisonnées par les autorités de la RDA.
4. Dès le 17 juin 1953, le chancelier fédéral Konrad Adenauer donnera le ton et invitera « les hommes et les femmes qui aujourd'hui à Berlin demandent à être affranchis de l'oppression et de la misère… à ne pas se laisser entrainer par des provocateurs à des actes qui pourraient mettre en danger leur vie et leur liberté. Un véritable changement dans la vie des Allemands de la zone soviétique ne peut résulter que du rétablissement de l'unité allemande dans la liberté. »
5. Pour commémorer l'insurrection, la RFA instaure le 17 juin comme un nouveau jour férié, proclamé « jour de l'Unité allemande ».

d'arrestation et de répressions[1] contre les organisateurs et en profite pour procéder à l'épuration des membres de l'appareil du Parti, et de nombreuses institutions qui faillirent selon les critères d'Ulbricht à leur mission. Les fonctionnaires de la *KVP* ne sont pas épargnés par cette purge et la réduction initiale des effectifs de 25 000 postes est prioritairement effectuée parmi les agents considérés comme politiquement peu fiables par le *SED.*

Bien que momentanément affaibli, le régime est-allemand a su mettre à profit cette « insurrection » pour renforcer les forces paramilitaires par la réorganisation de leurs commandements territoriaux. Dans cette réorganisation, la *KVP* terre intègre en son sein les unités autonomes de la Police du peuple-Air *Volkspolizei-Luft* qui prend le nom d'aéro-club (*Aero-Klub*). Au printemps 1954 cette décentralisation, le commandement des organes armées de la RDA[2] est transféré de Berlin-Est à Strausberg, petite bourgade située à 35 kilomètres de la capitale. L'État-major de la Police du peuple-Mer (*Volkspolizei-See*) s'installe, quant à elle, à Rostock, port de la Baltique.

Enfin, pour éviter, à l'avenir, de devoir recourir aux services de l'Armée soviétique, le *SED* décide de hâter le processus de militarisation de ses unités de police afin de s'assurer d'une propre force armée nationale comme moyen ultime de recours face toute nouvelle insurrection populaire, et dans l'éventualité d'un conflit avec l'Ouest.

1. Pour échapper à la répression, la fuite s'impose à de nombreux Allemands de la RDA. Sur 19 millions d'habitants, plus de 3 millions s'enfuiront à l'Ouest, ce qui entraînera le *SED* à lancer finalement la construction du mur de Berlin le 13 août 1961, car les personnes qui choisissent l'exil sont souvent des travailleurs qualifiés dont la RDA avait grand besoin pour son économie.
2. L'état-major de la *KVP*, auquel aura été intégré dans celui de la *Vopo-Luft* en août 1953.

Naissance de la *Bundeswehr* et de la *NVA*

À l'issue du premier grand affrontement militaire entre les deux blocs antagonistes, qui prend fin en Corée en juillet 1953, la question d'une remilitarisation de l'Allemagne de l'Ouest, face à la menace soviétique, est clairement posée par les États-Unis. Cette décision remet en cause certaines clauses des accords de Potsdam.

En 1954, après l'échec de la ratification du traité conçu par la France devant instaurer la Communauté européenne de Défense[1], les États-Unis hâtent le processus permettant de nouveau à l'Allemagne de l'Ouest de disposer d'une nouvelle armée. La Loi fondamentale allemande est modifiée en mars 1954 conformément à ce projet et le calendrier du gouvernement ouest-allemand prévoit d'intégrer les futures troupes ouest-allemandes au sein de l'OTAN.

Agréée dans le cadre des accords de Paris[2], la République fédérale d'Allemagne adhère à l'OTAN ainsi qu'à l'Union de

1. En été 1950, pressé par la menace communiste concrétisée par le déclenchement en juin de la guerre de Corée, Jean Monnet envisage d'organiser la défense de l'Europe dans un cadre supranational comparable à celui contenu dans la proposition Schuman. Dans le même temps, les États-Unis demandent à leurs alliés de préparer le réarmement de la RFA. Jean Monnet présente son projet à René Pleven, président du Conseil français et ancien ministre de la Défense, qui le soumet à l'Assemblée nationale le 24 octobre 1950. Le projet envisage la mise en place d'une armée européenne permettant d'intégrer les futures unités allemandes dans un ensemble placé sous une autorité européenne unique, militaire et politique. Ce projet suscite de très vifs débats en France. Accepté par la plupart des États occidentaux, le projet de Communauté Européenne de Défense (CED) est rejeté en août 1954 par l'Assemblée nationale française. Finalement, le refus de l'Assemblée nationale française de ratifier le traité entraîne également automatiquement l'abandon du projet de Communauté politique européenne dont il était le corollaire institutionnel.
2. Les accords de Paris sont signés le 23 octobre 1954 et ratifiés le 9 mai 1955 par tous les pays européens et les États-Unis pour valider l'entrée de l'Allemagne de l'Ouest « en voie de réarmement » dans l'OTAN. Il fut signé dans le cadre des conférences de Londres et de Paris qui se tinrent en septembre et octobre 1954 après l'échec du projet de Communauté Européenne de Défense (CED). Les neuf participants étaient les cinq signataires du traité

l'Europe occidentale[1]. Le 10 octobre 1955, le président de la République fédérale[2] approuve l'intégration des premiers soldats de la nouvelle armée allemande et, le 12 novembre

---

de Bruxelles-France, Royaume-Uni, Luxembourg, Belgique et Pays-Bas ainsi que l'Allemagne de l'Ouest, l'Italie, le Canada et les États-Unis. Les accords prévoient la pleine souveraineté de l'Allemagne et son adhésion à l'OTAN : le réarmement allemand est possible, mais seulement dans le cadre du commandement intégré de l'OTAN et si l'Allemagne renonce à produire des armes atomiques, biologiques et chimiques. La RFA pouvait cependant conduire des recherches dans ce domaine et posséder ce type d'armes à la condition qu'elles soient produites à l'étranger. D'ailleurs, elle se dota à partir d'octobre 1955 d'un ministre fédéral chargé des questions nucléaires. Le Parlement français ratifie ces accords le 30 décembre 1954. Contrairement à la CED, les accords de Paris ne prévoient aucune intégration supranationale ni de projet d'Europe fédérale.

1. Le Traité de coopération, essentiellement militaire (intégration collective de défense et de sécurité), est signé le 23 octobre 1954 à Paris, entre la France, le Royaume-Uni, la RFA, l'Italie, la Belgique, les Pays-Bas et le Luxembourg, à la suite de l'échec de la Communauté européenne de défense. C'est une réactivation directe du traité de Bruxelles du 17 mars 1948. Dans le contexte de la Guerre froide, la première fonction de cette alliance était de montrer aux États-Unis la volonté européenne de réagir face à la pénétration soviétique en Europe orientale. En apportant ainsi la preuve de leur détermination à œuvrer ensemble, les puissances signataires du traité de Bruxelles ont contribué à vaincre la réticence des États-Unis à participer à l'édification de la sécurité européenne. Cependant, en pratique, l'UEO n'eut pas vraiment de rôle effectif, puisque dans les faits, toutes les actions de défense furent chapeautées par l'Organisation du traité de l'Atlantique Nord.
2. Le *Bundespräsident* est le chef de l'État de la République fédérale d'Allemagne, dont les compétences politiques et institutionnelles sont régies par le titre V de la Loi fondamentale de 1949(1). S'il assume une charge essentiellement honorifique, le président fédéral est, d'une manière générale, considéré comme une figure morale importante, garante des institutions du pays. Ainsi, il promulgue les lois, signe les traités et propose au *Bundestag* un candidat à la fonction de chancelier fédéral. S'il est parfois assimilé à l'exécutif, le président fédéral est généralement considéré comme une personnalité étant « au-dessus des partis » et « au-dessus des trois branches du gouvernement » ; à ce titre, il fait figure de « pouvoir neutre ». Élu pour un mandat de cinq ans par l'Assemblée fédérale, il ne peut concourir pour un second mandat présidentiel consécutif qu'une seule fois, et ce pour la même durée.

1955, ces 101 premières recrues prêtent serment[1] à la RFA. Il s'agit de la date officielle de création de la *Neue Wehrmacht*[2].

Bien que la RDA ne dispose pas encore d'une armée régulière, elle signe le 14 mai 1955 avec l'Albanie, la Bulgarie, la Hongrie, la Pologne, la Roumanie, l'URSS et la Tchécoslovaquie un pacte d'amitié et d'assistance mutuelle dit « Pacte de Varsovie ». Conçu comme une riposte à l'intégration de la RFA réarmée, aux forces de l'Organisation du traité de l'Atlantique Nord, ce pacte concrétise dès lors l'opposition entre les deux blocs Est et Ouest. La *KVP*, bras armé du régime, aura un effectif de l'ordre d'environ 100 000 hommes en 1955. (85 000 hommes unités terrestres, 9 000 hommes dans les unités de marine et 6850 unités aériennes).

Ce n'est que le 18 janvier 1956 que la Chambre du Peuple de la RDA (*Volkskammer der DDR)* adopte la loi sur la création

Un groupe de tankistes de la *NVA* lisant la dernière édition du journal *Neues Deutschland* lors d'un exercice du Pacte de Varsovie
Bundesarchiv, Bild 183-85481-0005

1. In : *Wie alles begann – Bundeswehr iud.bundeswehr.de/portal.*
2. Mais les forces armées n'ont toujours pas de nom. La désignation « *Bundeswehr* » ne s'impose officiellement qu'avec la Loi sur le statut juridique des militaires datant d'avril 1956. In *L'histoire de la Bundeswehr,* 1ère partie : les débuts et la Guerre froide. Site officiel du ministère de la Défense de la RFA.

de la *Nationale Volksarmee* et du ministère de la Défense nationale *(Ministerium für Nationale Verteidigung)* qui devient l'acte fondateur de la *NVA* et la réponse militaire à la toute récente création de la *Bundeswehr*. C'est le 9 février 1956 que l'on procède aux restructurations territoriales, ainsi les administrations territoriales Nord et Sud sont dissoutes et cinq nouveaux districts militaires sont créés. Dès lors le ministère pour la Défense nationale intègre le Ier district militaire, les forces terrestres les districts militaires V et III, quant aux services de l'*Aero-Klub* et de la *VP-See* devenus désormais Forces aériennes (*Luftstreitkräfte)*[1] et Marine du Peuple (*Volksmarine)*[2] intègrent les districts militaires II et IV de la *NVA*[3]. Le 1er mars 1956[4], toutes les mesures d'organisation techniques et administratives, dont la transformation des unités de la *KVP* en unités des forces terrestres de la *NVA*, sont achevées. Après quoi, le ministère de la Défense de la RDA et les services des districts militaires commencent officiellement leur travail.

> « Depuis sa création, plusieurs générations de soldats et d'employés civils ont servi dans la *NVA* ; d'abord comme volontaires ensuite en tant que conscrits. Les tâches et les difficultés qui ont dû être maîtrisées, surtout durant les premières années, n'ont pas été faciles. La nécessité de protéger militairement la RDA et l'énergie avec laquelle l'exécution de ces tâches ont été abordées, avait permis de résoudre les problèmes les plus difficiles.

---

1. Initialement les *Luftstreitkräfte* (Forces aériennes) étaient séparées de la *Luftverteidigung* (Défense aérienne). Le 1er juin 1957, dans le cadre d'une fusion des deux administrations à Strausberg, le nouveau siège sera rebaptisé *Kommando LSK/LV.*
2. La Marine du Peuple était la dénomination officielle des forces maritimes de la République démocratique allemande. Ses tâches étaient de garder les voies maritimes ouvertes pour des renforts soviétiques et de participer aux actions offensives contre les côtes des nations adverses de la mer Baltique.
3. In *Der Ministerrat der DDR: Aufgaben, Arbeitsweise und Struktur der anderen.* Peter Joachim Lapp Westdeutscher Verlag. 1982, p. 114.
4. Sur décision du Présidium du conseil des ministres de la RDA le jour de la fondation de la *NVA* fut déclaré officiellement « journée de l'Armée populaire nationale ».

> L'exemple nous avait été donné par les combattants en Espagne, les résistants antifascistes, mais aussi par les anciens membres de la *Wehrmacht,* qui grâce à leur participation au Comité national Allemagne libre (*Freies Deutschland*), dont les agents en mission sur le front, avaient pris l'engagement de créer une nouvelle Allemagne antifasciste. Tous ont façonné le caractère de la *NVA*. Les organisations du *SED* dans le *NVA*, la *FDJ*[1] et le syndicat les employés civils de la *NVA* s'étaient mobilisés et soutenaient les membres des forces armées et les employés civils dans l'exécution des missions qui leurs étaient assignées.
> Mais c'est surtout l'aide et l'influence apportées par l'État-major des forces armées unifiées du traité de Varsovie et l'aide de l'Armée soviétique, par exemple dans la formation des cadres, la mise à disposition de conseillers et d'instructeurs pour l'apprentissage technique des armements soviétiques, qui ont permis que la *NVA* devienne une armée moderne. »
>
> Theodor Hoffmann, admiral a.D[2].

Strausberg, ville qui se trouve à l'est du centre de Berlin et à 52 km à l'ouest de la frontière polonaise, devient le siège formel du ministère pour la Défense nationale de la RDA (*Ministerium für Nationale Verteidigung der DDR ou MfNV*).

À l'époque l'uniforme de la *KVP* correspond à la coupe et dans la forme à l'uniforme des forces terrestres de l'Armée soviétique. Initialement de couleur bleu foncé, les uniformes permutent rapidement en kaki. Pour ne plus être associés visuellement aux soldats soviétiques, les hommes de la *NVA* portent désormais un uniforme vert de gris (*Feldgrau)* avec la coupe militaire traditionnelle allemande, avec un pantalon

1. La Jeunesse libre allemande (en allemand : *Freie Deutsche Jugend*, abrégé *FDJ*) était le mouvement de jeunesse officiel des 14-25 ans de la RDA. La Jeunesse libre allemande faisait partie de la Fédération mondiale de la jeunesse démocratique et de l'Union internationale des étudiants. Après la réunification de l'Allemagne, la Jeunesse libre allemande perdit pratiquement tous ses membres. La direction centrale de l'organisation s'effondra mais quelques membres isolés prirent l'initiative de reconstituer des groupes.
2. Allocution de bienvenue du 18 février 2005 à l'occasion de la commémoration du 50e anniversaire de la création de la *NVA*.

et des bottes de cavalerie caractéristiques. Tout cela n'aura pas l'air bien différent de certains uniformes de l'ancienne *Reichswehr*[1] ou de la *Wehrmacht*.

En effet, les dirigeants du *SED* ont pris en compte les critiques de la population est-allemande s'offusquant de voir leurs soldats porter un uniforme étranger. Les tenues de la *Bundeswehr* sont quant à elles vilipendées comme copie pure et simple du modèle impérialiste américain.

Malgré l'influence de l'Armée soviétique sur la *NVA*, le corps des officiers et des sous-officiers de la *NVA* gardent une « nature exagérément hyper prussienne » comme le souligne, à juste titre, le sociologue Hans Herth[2]. Non seulement par le maintien de leurs traditions militaristes mais aussi en faisant subir à leurs soldats un entrainement rigoureux dans le respect d'une discipline de fer, qui rappellent sans équivoque l'ancienne armée prussienne.

La tradition militaire de la *NVA* prend ses racines dans les guerres paysannes de 1524-1525, les guerres de libération anti-napoléoniennes de 1813, ainsi que les révolutions de 1848 et 1918. À cela s'ajoute, l'engagement de nombreux responsables est-allemands tant à la fois dans les Brigades internationales de la guerre civile espagnole de 1936-1939. Un certain protocole prussien perdure sous la forme du *grosser Zapfenstreich*[3], le

1. La *Reichswehr*, littéralement « force de défense du Reich », était l'armée de la République de Weimar, de 1919 à 1935. Son organisation reposait sur le Traité de Versailles. Son nom, qui apparait en mars 1919 après la disparition de la *Deutsches Heer*, est officialisé en janvier 1921. La *Reichswehr* disparaît avec la création de la *Wehrmacht*, en mars 1935. Les vainqueurs de novembre 1918 voulurent – sans succès – imposer à cette armée des limitations matérielles afin de lui ôter toute velléité de revanche. Ces restrictions, plus ou moins respectées au début de la République, furent très amplement dépassées après l'avènement d'Adolf Hitler en 1933.
2. Ancien président de la Fédération des Associations franco-allemandes pour l'Europe.
3. Est une cérémonie du soir réunissant lors d'une prise d'armes des unités et la musique militaires pour honorer en public, généralement sur une place publique au sein de la population, le départ d'une très haute personnalité militaire ou civile. Le cérémonial musical dure environ 20 minutes et est la plus symbolique et la plus importante cérémonie militaire au sein de la *Bundeswehr*.

maintien du pas de l'oie durant les défilés et la dénomination pour les deux des plus hautes distinctions militaires par les noms des généraux Blücher et Scharnhorst.

Malgré la volonté idéologique des anciens de la Guerre d'Espagne, la mise ne place d'une future armée exige paradoxalement le recrutement d'anciens officiers et sous-officiers de la *Wehrmacht* pour leur compétence[1]. Ce sont des prisonniers de guerre récupérés dans les camps russes. Environ 1 000 spécialistes formeront le socle de la future armée est-allemande.

Nouveauté toutefois à la tradition prussienne dans la formation des cadres, l'enseignement des méthodes et procédures militaires sont désormais alignés sur le modèle soviétique. Équipée et organisée, la *NVA* devient rapidement un outil militaire particulièrement bien rodé et redoutable d'efficacité. Ces dispositions sont particulièrement bienvenues en pleine Guerre froide où avec une force restreinte de l'ordre de 170 000 hommes[2] elle parvient, dans les années 80, à devenir l'une des armées les plus puissantes du Pacte de Varsovie.

La *NVA* est subordonnée au commandement du Pacte lui-même sous les ordres, dans les faits, de l'État-major général des forces armées de l'Union soviétique.

La RDA occupe pour l'URSS tout au long de la Guerre froide une place stratégique fondamentale sur l'échiquier géopolitique européen. La position centrale et sa frontière commune avec la RFA, de près de 1340 kilomètres, en font une zone clef pour le haut commandement soviétique.

Non seulement position centrale en cas d'attaque supposée par l'OTAN, elle est aussi base de départ d'une éventuelle offensive, ou contre-offensive soviétique. Son importance stratégique est soulignée en 1982 par le chef d'État-major général

Sous sa forme actuelle les origines du *Grosser Zapfenstreich* remontent à la première moitié du XIXe siècle.

1. Gerhard Ortmeier, *Zügige Wiederbewaffnung, Deutsche Teilung. Ära Ausgabe, 2009*, p. 12.
2. Sans compter les unités de combats des travailleurs et les 300 000 réservistes.

de l'Armée soviétique le maréchal Ogarkov[1] en ces termes : « Le théâtre d'opérations de guerre le plus important dans un futur affrontement est le théâtre d'opérations occidental. C'est là que se décidera l'issue de la guerre (...). »

Tableau n° 1. Organigramme de la *NVA*.

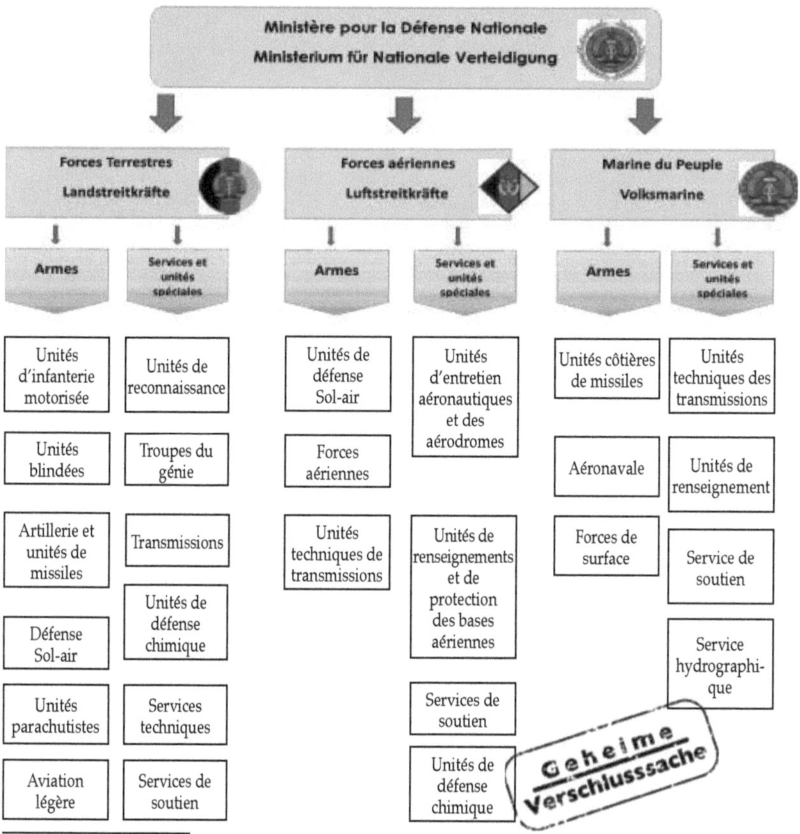

1. Nikolai Ogarkov, maréchal de l'Union soviétique et de 1977 à 1984, chef d'état-major de l'Armée soviétique. De septembre 1984 à juin 1988, il sert comme commandant suprême des forces armées des armées occidentales. De 1988 à 1992, membre du groupe des inspecteurs généraux du ministère de la Défense. De janvier à septembre 1992, Ogarkov deviendra le chef d'état-major des forces armées conjointes de la Communauté des États indépendants et jusqu'à sa mort, il aura été consultant dans le département de la Défense de la Fédération de Russie.

La *NVA* dans le dispositif opérationnel du Pacte de Varsovie

> « Dans de nombreux domaines, la supériorité du Pacte de Varsovie était double et parfois même d'un facteur de quatre à cinq fois plus élevé, tel que celui du nombre de chars et de pièces d'artillerie. Le surarmement ne pouvait qu'être légitimé (...) qu'en représentant l'OTAN beaucoup plus forte qu'elle ne l'était en réalité. Pour cela, ils inventeront de grandes unités de l'ennemi fictives qui était celles de l'OTAN, en les intégrant dans leurs propres plans. (...) »
>
> Hanno von Kielmansegg, *Generalmajor* a. D de la *Bundeswehr,* ancien chef d'état-major du groupe d'armée Nord de l'Otan.

Le commandement opérationnel de l'ensemble des troupes de combat de la *NVA* relève d'abord de l'autorité du commandant en chef des troupes soviétiques stationnées en RDA, lui-même subordonné dans le cadre de la planification opérationnelle au commandant des forces du Pacte de Varsovie assujetti aux ordres suprêmes de l'État-major général de l'URSS.

La *NVA* est incorporée au sein de la 1ère section stratégique des forces unifiées du Pacte de Varsovie qui englobe dans sa partie occidentale le *Groupe Nord,* avec les forces armées polonaises, le *Groupe Central* avec l'armée tchécoslovaque et une partie du district militaire et des éléments de la flotte de la mer Baltique[1]. Ces groupements et districts stratégiques sont composés de plusieurs « Fronts ». Chaque front est composé de plusieurs armées, correspondant en termes de moyens et d'effectifs militaires à un groupe d'armées occidental.

La *NVA* forme avec les unités de frontières (*Grenztruppen)* et les troupes soviétiques stationnées en RDA, le Ier front ou « Front Ouest ». Ils seront rejoints, quelques années plus tard,

1. In Siegfried *Lautsch. Kriegschauplatz Deutschland. Erfahrungen und Erkenntnisse eines NVA-Offiziers. ZMSBw,* Potsdam, 2013, p. XXX

par des éléments de l'armée polonaise qui seront intégrés dans ce dispositif qui subsiste sous cette forme jusqu'en 1989[1].

> « Si l'agresseur impérialiste, en dépit de nos efforts conjoints (Ndlr, pour la paix), tente de déclencher une guerre mondiale, les forces armées de l'URSS conjointement avec les armées sœurs socialistes administreront à l'ennemi un cuisant revers. La sécurité de notre pays et de la communauté socialiste est pour nous une chose sacrée. »
>
> Général d'Armées G. L. Salmanov,
> Chef de l'Académie de l'État-major général des forces armées de l'URSS[2].

En temps de paix, les forces terrestres de la *NVA* sont réparties en deux districts numérotés III et V. Pour s'assurer d'une parfaite coordination entre l'État-major de la *NVA* et le commandement du Pacte de Varsovie, des groupes opérationnels de liaisons sont mis en place. En cas de mobilisation générale et avant l'annonce « État de combat général » (*Volle Gefechtsbereitschaft*) les districts se scindent en deux composantes. La composante « Front » qui doit agir selon les plans opérationnels de guerre du commandement soviétique alors que l'autre suit les consignes et manœuvres de la *SED* commandant le déploiement et la mise en place de la « défense territoriale ». La protection des sites sensibles, du maintien de l'ordre sur le territoire de la RDA, etc. Ainsi, les troupes de chocs et celles en charge de la sécurité intérieure prennent en cas d'alerte respectivement les désignations de IIIe et Ve Armée de la *NVA*.

---

1. Berlin occupait une place particulière dans le dispositif tactique du Pacte de Varsovie. En cas de conflit armé, La *NVA* ainsi que les unités des troupes frontalières et l'Armée soviétique auraient déployé(s) trois grandes unités qui devaient investir et occuper la capitale soit : 6 brigades motorisées, 1 division d'infanterie motorisée de la *NVA*, 1 brigade d'infanterie russe soit un effectif de l'ordre de 32 000 hommes. In *Siegfried Lautsch. Kriegschauplatz Deutschland. Erfahrungen und Erkenntnisse eines NVA-Offiziers. ZMSBw,* Potsdam, 2013, **p. XXX.**
2. In Discours sur la doctrine militaire. 70e anniversaire de la Révolution d'Octobre. www.nva-forum.de

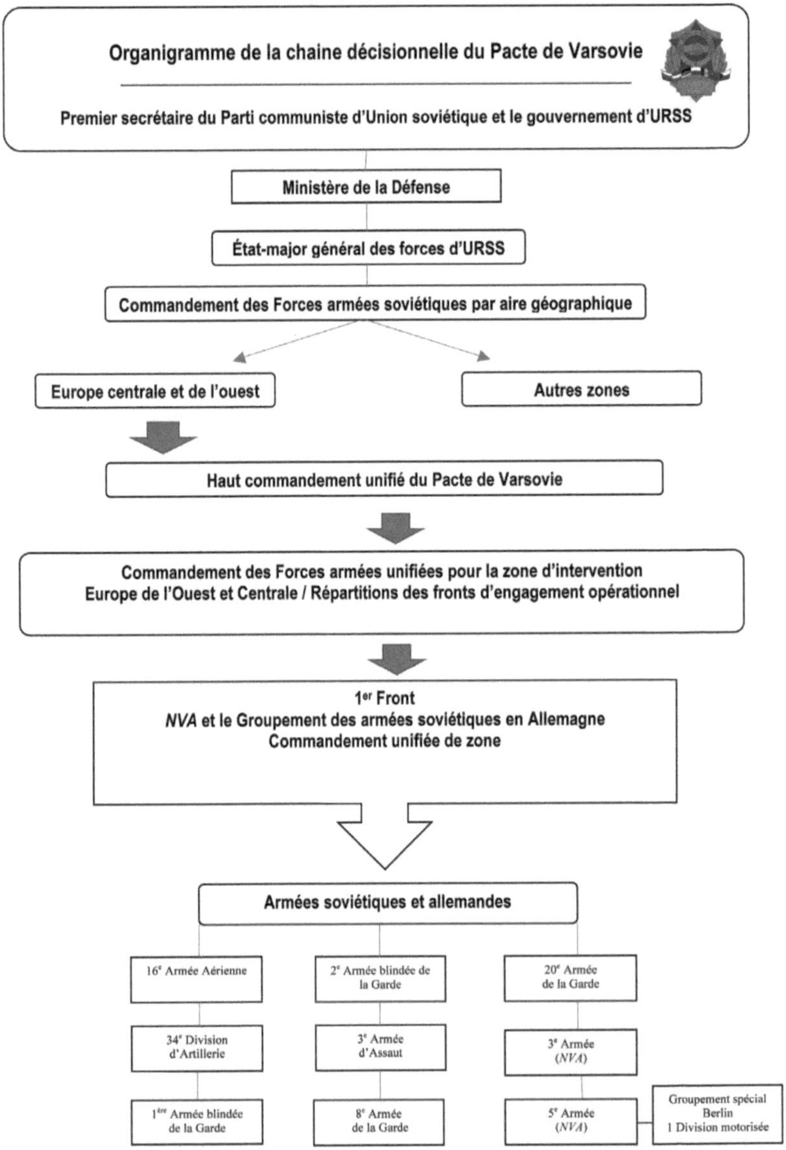
Organigramme de la chaine décisionnelle du Pacte de Varsovie
Premier secrétaire du Parti communiste d'Union soviétique et le gouvernement d'URSS
Ministère de la Défense
État-major général des forces d'URSS
Commandement des Forces armées soviétiques par aire géographique
Europe centrale et de l'ouest
Autres zones
Haut commandement unifié du Pacte de Varsovie
Commandement des Forces armées unifiées pour la zone d'intervention
Europe de l'Ouest et Centrale / Répartitions des fronts d'engagement opérationnel
1er Front
NVA et le Groupement des armées soviétiques en Allemagne
Commandement unifiée de zone
Armées soviétiques et allemandes
16e Armée Aérienne
2e Armée blindée de la Garde
20e Armée de la Garde
34e Division d'Artillerie
3e Armée d'Assaut
3e Armée (NVA)
1ère Armée blindée de la Garde
8e Armée de la Garde
5e Armée (NVA)
Groupement spécial Berlin
1 Division motorisée

> « À l'époque à l'Est, il a toujours été affirmé que l'OTAN est agressive et qu'en cas de guerre il fallait conduire préventivement le combat sur le sol de l'adversaire, donc en particulier sur celui de la République fédérale ; de mener la guerre et de vaincre. Par conséquent le Pacte de Varsovie a longtemps pratiqué l'entraînement à l'offensive (...). Cependant, la manie extrême du secret de l'iwnformation propre aux systèmes totalitaires rendait difficile à une grande partie de la population, y compris les soldats, de connaître la vérité. (...) »
>
> Hanno von Kielmansegg,
> *Generalmajor* a. D de la *Bundeswehr*,
> ancien chef d'état-major du groupe d'armées Nord.

De l'omniprésence du *SED*

> « La source la plus importante de la force de notre armée provient de sa direction par le Parti de la classe ouvrière. Le Parti s'emploie à ce que tous les membres (...) des forces armées deviennent des combattants socialistes. »
> Extrait du programme du *SED* en 1963.

L'emprise du *SED* sur la politique militaire générale de la *NVA*, comme sur l'ensemble des activités sociales, est totale. Dès 1960, la *NVA* est directement mise sous la surveillance du Comité national de la Défense composé du secrétaire général du *SED* et des membres du Comité central.

Non seulement le *SED* est omniprésent au sein de la *NVA* mais on trouve un officier en charge de l'éducation politique à tous les niveaux de commandement, afin de garantir une stabilité doctrinale au sein des forces armées.

Au-delà de la propagande idéologique classique, le *SED* influence les stratégies d'engagement des unités militaire de la *NVA* durant toute son existence. Toute la politique de défense est ainsi consolidée par les directives du *SED*, lui-même inféodé au pouvoir soviétique.

Parade des forces terrestres de la *NVA*
Bundesarchiv, Bild 183-N1007-0009

> « Les informations contraires obtenues par (les unités : ndlr) reconnaissance de la *NVA* ont été purement et simplement balayées par les autorités supérieures en faveur de la doctrine de l'offensive. Cela était politiquement irresponsable et non professionnel sur le plan militaire. » Tout cela pouvait conduire à des situations absurdes comme en témoigne Hanno von Kielmansegg, Generalmajor a. D de la *Bundeswehr*, ancien chef d'état-major du groupe d'armée Nord[1].

La *NVA* a pour mission de défendre les acquis du socialisme et donc le régime[2], plus de 90 % des officiers et 50 % des sous-officiers sont membres du *SED*. En conséquence, la formation politique et idéologique initiale joue un rôle fondamental au sein des forces armées.

1. Interview dans le journal *Die Welt* réalisée en 2016.
2. Article 7 de la Constitution de la RDA, 1974, p. 13.

Qu'elle que soit la formation diplômante, toutes les formations militaires comportent un volet idéologique spécifique enseigné au sein de la *NVA* qu'il convient de maîtriser au risque de ne pas être reconnue « politiquement apte » pour être certifié ou diplômé d'un institut militaire.

> « J'avais été arrêté après une dénonciation. On me reprochait de conduire des menées subversives contre l'État ainsi qu'une tentative d'évasion de la République. Après des déclarations faites par des informateurs de la *Stasi*. Toutefois on se rendit rapidement compte que ces allégations étaient fausses. Étant donné que les preuves fabriquées pour que je subisse une condamnation immédiate n'étaient pas suffisantes, on m'a aussitôt envoyé faire mon service militaire afin de m'isoler encore davantage et de pouvoir continuer à m'observer. Cela me semblait sur l'instant le moindre mal. Bien sûr, cela fut un choc. J'avais espéré être envoyé au service militaire au lieu de subir une condamnation. Mais je me suis alors senti triplement reclus. J'étais enfermé en RDA ne pouvant me déplacer que de façon limitée à l'intérieur du pays, car on m'avait confisqué ma carte d'identité et me trouvais dès lors dans une caserne. Au même moment, ma copine obtint l'autorisation de voyager à l'étranger. Mais en tant que soldat, il m'était interdit d'avoir des contacts avec elle. (...) Avec le temps même certains supérieurs m'ont averti de me méfier des informateurs, des camarades de chambrées et aussi d'autres supérieurs. J'ai également été averti de faire attention à mon courrier. Tout cela, conjugué aux avertissements, a augmenté mon isolement déjà presque total. (...) Évidemment je n'ai pas eu que des expériences négatives, j'ai connu la solidarité de la part de mes camarades et de supérieurs hiérarchiques, même de ceux qui étaient des informateurs. Dans une certaine mesure la *NVA* était un condensé de la RDA. »
>
> Témoignage de Jürgen W.,
> jeune conscrit de la *NVA* incorporé en 1982[1].

1. www.tagesschau.de

Une armée de volontaires ?

La *NVA* présente un cas unique au sein du Pacte de Varsovie car elle est la seule force armée conçue initialement pour ne recruter ses personnels que sur la base du volontariat. Les femmes[1] pouvaient également rejoindre la *NVA* comme volontaires, afin de suivre une carrière militaire comme sous-officier engagé, sous-officier de carrière, ou aspirant[2].

Mais l'engouement « patriotique » pour la « chose militaire », le service volontaire et l'attrait des « privilèges » inhérents à cette qualité « d'engagé volontaire », vanté par la propagande du Parti, n'obtient en fait guère l'adhésion escomptée de la part des jeunes Est-Allemands.

Peu enclins à entrer au service de l'armée de « l'État paysan et prolétarien[3] », des dizaines de milliers de jeunes Est-Allemands ont, depuis 1960, déjà fui vers Berlin-Ouest afin d'éviter tout service sous les armes[4]. Cette fuite des cerveaux et de la main-d'œuvre qualifiée, qui se fait durement ressentir, dépossède la RDA d'un potentiel de cadres et de techniciens vital non seulement pour son économie mais aussi pour le recrutement de ses troupes en uniformes[5].

Aussi, dès 1960, la Police du peuple (*Volkspolizei*) et les gardes-frontières (*Grenztruppen*) reçoivent des instructions

1. Dans la mesure où cela était compatible avec leurs capacités physiques. De façon générale, elles étaient plutôt orientées vers les services de santé ou de l'arrière. Le plus haut grade jamais atteint par une femme fut colonel.
2. Et même à partir de 1984 comme officier de carrière.
3. Depuis 1952 la RDA se déclarait l'État des ouvriers et des paysans. Depuis les années 1970, les termes seront utilisés de manière interchangeable dans la langue officielle. Dans l'article 1 de la Constitution de la RDA, l'Etat socialiste a été défini comme « l'organisation politique des travailleurs de la ville et dans les contrées, sous la direction de la classe ouvrière et son parti marxiste-léniniste ».
4. Il faut savoir que les jeunes adultes résidant à Berlin-Ouest, de par le statut particulier de la ville de Berlin, étaient exemptés de faire leur service militaire.
5. Rien qu'en 1960 et selon des sources internes du SED 9968 jeunes de 15 jusqu'à 18 ans et 24 248 adultes de 18 ans à 25 ans ont illégalement fuit la RDA. In *IfGA, ZPA, IV 2/12/58, Bl. 187.*

précises quant aux conditions d'ouverture du feu[1] sur toute personne qui tenterait de franchir la frontière Est-Ouest afin de s'enfuir du « paradis socialiste ».

Construction du Mur

> « Les Occidentaux n'ont pas osé lever le petit doigt. Ils ont perdu la bataille de Berlin. S'il y a des familles séparées par les mesures qui ont été prises, elles n'ont qu'à se réunir de ce côté-ci. »
>
> Erich Honecker. Pankow. 16 août 1961.

Le 13 août 1961, la porte de Brandenburg ressemble à un camp militaire retranché et l'agence de presse de la RDA diffuse une déclaration solennelle enjointe par les pays frères : « Les gouvernements du Pacte de Varsovie s'adressent à la Chambre du Peuple, au gouvernement de la RDA et à tous les travailleurs de la République démocratique allemande avec la proposition d'introduire à la frontière de Berlin-Ouest, le long des voies autour de toute la région de Berlin-Ouest, y compris sa frontière avec Berlin, un ordre qui assure une surveillance fiable et un contrôle efficace, visant l'activité subversive initiée contre les pays du camp socialiste. »

Cet appel des Pays frères se concrétise par la pose initiale de grillages et de barbelés autour de Berlin-Ouest. C'est sous le nom de code « Muraille de Chine » qu'Ulbricht charge un certain Honecker d'organiser l'enfermement de la population allemande dans le secteur soviétique[2]. Ce dispositif est progressivement remplacé par un mur de briques, puis de béton qui

1. À compter du 6 octobre 1961, un ordre provenant du ministre de la Défense engageait les troupes frontalières à faire usage de leurs armes en tir direct après les premiers tirs de sommations afin de « détruire » les fuyards, si on était dans l'impossibilité de pouvoir les arrêter autrement. Ce n'est qu'en 1982 que l'article 27 de la loi sur la frontière sera légalement formalisé.
2. Le Mur arrêta la fuite des Allemands de l'Est. Voir Pierre Janin, *Numéro spécial* n° 42-43. Paris-Berlin, 2009.

devait devenir le tristement célèbre Mur de Berlin[1]. Les puissances occidentales ne remettront qu'une note déclarante « comme illégale l'isolation de Berlin (*sic*) » rien de plus.

Selon Horst Sindermann, chef de la section agitation au Comité central de la SED en 1961[2] : « Il s'agissait de la sauvegarde de la RDA. Nous avions des pertes énormes du fait de l'ouverture des frontières et nous n'aurions pas pu survivre ainsi très longtemps. (...) Nous ne voulions pas être saignés à blanc, nous voulions maintenir l'ordre démocratico-antifasciste qui existait en RDA. »

Vers la conscription obligatoire

Face à ce dilemme, le *SED* est conduit à « motiver » sa jeunesse, par l'intermédiaire d'un ensemble d'associations sous tutelle du Parti, entraînant les jeunes à s'embrigader dans la *NVA*. La technique des « contraintes amicales », auprès des membres des mouvements de jeunesse ou dans l'entourage proche des familles des cadres du Parti, est privilégiée.

Malgré cela, le nombre de « volontaires » ne répond dans un premier temps nullement aux attentes des autorités est-allemandes et de Moscou. Pour tenter de résoudre ce problème, le *SED* commence à édifier un environnement idéologique favorable susceptible dans un avenir proche de préparer la population est-allemande à accepter le recours au service militaire obligatoire.

Les responsables du régime mobilisent d'abord toutes leurs organisations politiques, qu'elles soient sportives, scolaires, universitaires ou syndicales, à des fins d'endoctrinement et

1. Afin d'empêcher la fuite de mains-d'œuvre et de cerveaux par le secteur occidental de la ville qui s'accentuaient depuis quelques années.
2. Extrait d'une interview en 1990.

d'entraînement physique avec pour but de préparer les jeunes filles et garçons d'Allemagne de l'Est au service armé[1].

Une formation politique initiée dès le plus jeune âge, puis l'engagement politique de tout citoyen est-allemand doit trouver sa traduction dans l'engagement au sein de la *NVA*. Dès leur plus jeune âge, les jeunes filles et garçons sont embrigadés dans les jeunes pionniers (*Pionierorganisation Ernst Thälmann ou JP)*[2] puis dans la Jeunesse allemande libre (*Freie Deutsche Jugend ou FDJ)*[3] où ils apprennent à manœuvrer militairement.

Ensuite, le *SED* édifie la dernière préparation militaire dont la seule fonction est de former la jeunesse de la RDA dans des activités telles que le tir, la course, la plongée, le vol à voile, ou la pratique du radio amateur. Cette association voit le jour le 7 août 1952 sous le titre de Société pour le sport et la technique[4] *(Gesellschaft für Sport und Technik* ou *GST)* qui contribue au fil des années à la militarisation[5] complète de la société est-allemande.

Nombreux sont alors les jeunes, physiquement, politiquement et moralement préparés, qui souscrivent un engagement contractuel pour la *NVA*. Mais le *SED* n'a pas perdu de vue son objectif principal. Pour rendre une future conscription

---

1. On peut écrire qu'en 1962, 30 % de la jeunesse avait suivi une forme de préparation militaire et à compter des années 1980 pratiquement tous les jeunes de la RDA avaient suivi durant leur scolarité une préparation militaire In *Wehrpflicht und Wehrdienst in der DDR Aspekte ihrer historischen Entwicklung von Rüdiger Wenzke.*
2. L'Organisation des pionniers Ernst Thälmann (en allemand *Pionierorganisation Ernst Thälmann*) était le mouvement de jeunesse officiel des 6-14 ans en République démocratique allemande. Elle a été dissoute en août 1990.
3. La Jeunesse libre allemande était le mouvement de jeunesse officiel des 14-25 ans de la République démocratique allemande. L'organisation, relais auprès des jeunes du Parti socialiste unifié d'Allemagne, avait pour mission de diffuser le marxisme-léninisme au sein de la jeunesse et de lui donner une « éducation socialiste ».
4. Le Conseil des ministres du 14 septembre 1968, décidera que la *GTS* sera dorénavant sous la tutelle du ministère de la Défense nationale de la RDA.
5. In *Torsten Diedrich, Hans Gotthard Ehlert und Rüdiger Wenzke: Im Dienste der Partei: Handbuch der bewaffneten Organe der DDR*. Ch. Links Verlag, 1998, p. 196.

acceptable à la population, il faut modifier, avec beaucoup de circonspection, la Constitution de 1949 qui ne comporte aucun article tendant à la mise en place d'un service militaire obligatoire, sans toutefois l'exclure non plus.

Finalement, la Constitution est donc sommairement remaniée le 26 Septembre 1955 dans ses articles 5 et 112, l'article 5 s'enrichissant d'un paragraphe 4 qui précise que : « le service pour la défense de la patrie et des réalisations des travailleurs est un devoir national honorable des citoyens de la République démocratique allemande. »

Malgré cette nouvelle possibilité constitutionnelle, les autorités politiques attendent jusqu'au 24 janvier 1962, date à laquelle la Chambre du Peuple de la RDA décrète une nouvelle loi de défense[1] qui formalise dès lors le recours au service militaire obligatoire. Presque tous les hommes âgés de 18 à 50 ans sont désormais reconnus aptes et susceptibles d'être appelés sous les drapeaux.

Le 4 avril 1962 les premières recrues gagnent leurs casernes. La durée de service militaire est ainsi de 18 mois et le reste jusqu'en 1990. À cette occasion, le nouveau ministre de la Défense, le général d'armée Heinz Hoffmann, confie explicitement à la Société pour le sport et la technique (*GST*) la tâche principale de préparer les futurs conscrits de la RDA en vue de leur intégration dans la *NVA*[2] dans les meilleures conditions possibles. Il exige de ses cadres de former « des soldats politiquement conscients, disciplinés, fermes et militairement bien préparés[3]. »

1. Mais seulement après que le *SED* avait obtenu l'aval des autorités soviétiques.
2. In *Rüdiger Wenzke und Torsten Diedrich: Die getarnte Armee: Geschichte der Kasernierten Volkspolizei der DDR 1952 bis 1956*. Vol. 1, Ch. Links Verlag, 2001, p. 233.
3. In Paul Heider, *Die Gesellschaft für Sport und_Technik (1952-1990)*. In *Im Dienste der Partei: Handbuch der bewaffneten Organe der DDR. Herausgegeben von* Torsten Diedrich, Hans Gotthard Ehlert, Rüdiger Wenzke, p. 177.

Heinz Hoffmann
est ministre de la Défense nationale
au sein du gouvernement
de la RDA de 1960 à 1985
Bundesarchiv, Bild 183-1982-1217-023

La *Gesellschaft für Sport und Technik* a en outre la mission de former et d'entraîner physiquement les réservistes de la *NVA*[1]. Les moniteurs se composent pour la majorité d'entre eux d'anciens officiers de la *NVA*. En quelques années, la *GST* devient l'une des organisations de masse qui soutiendra activement le maintien au pouvoir du régime du *SED*[2].

D'autres opportunités permettent aux ressortissants de la RDA d'effectuer leur service militaire dans des services armés spécialisés tels que les troupes frontalières, les unités encasernées de la police populaire ou encore au sein du Régiment de la Garde (*Wachregiment Feliks Dzierzynski)*[3]. Des passerelles permettent aux recrues entre volontariat et armée profession-

1. In Paul Heider, *Die Gesellschaft für Sport und_Technik (1952-1990)*. In *Im Dienste der Partei: Handbuch der bewaffneten Organe der DDR. Herausgegeben von* Torsten Diedrich, Hans Gotthard Ehlert, Rüdiger Wenzke, p. 177.
2. In Ringo Wagner, *Der vergessene Sportverband der DDR : die Gesellschaft für Sport und Technik*, p. 52 et. 55f.
3. Le régiment de sécurité «Félix Dzerjinski» était une unité paramilitaire créée en novembre 1954 dépendant exclusivement du ministère de la Sécurité d'État de la RDA. Nommé d'après Felix Edmundowitsch Dzerjinski, le fondateur de la *Tchéka*, la première Police secrète soviétique.

nelle de souscrire des engagements limités dans le temps leur offrant l'occasion de poursuivre une formation technique de haut niveau ou de faire carrière au sein des forces de la *NVA*[1].

En RDA, il est normalement impossible de se soustraire au service militaire obligatoire. Ce n'est qu'en 1964 que sous la pression des Églises qu'un substitut civil au service militaire, sous l'appellation Service des soldats bâtisseurs (*Bausoldantendienst*), voit le jour. Ces soldats bâtisseurs (*Bausoldaten)*[2] servent dans des unités particulières du génie au sein de la *NVA*. Cette possibilité d'un service non armé est une exception notable au sein du Pacte de Varsovie et c'est seulement dans les années 1980 que ce modèle est introduit en Tchécoslovaquie et en Hongrie.

En dépit de cet assouplissement, peu commun dans un pays du bloc communiste, le régime est-allemand est néanmoins confronté à des individus et des groupes[3] qui refusent catégoriquement et par conviction tout enrôlement au sein des forces armées, y compris pour servir comme soldats bâtisseurs. Ces réfractaires au service obligatoire sont considérés comme des ennemis de l'État. La réponse des autorités est-allemandes prend la forme de condamnations à des peines de deux ans de prison[4], aggravées par l'interdiction pour ces réfractaires de poursuivre des études universitaires, seule possibilité d'évoluer professionnellement au sein de la société est-allemande. Cela

1. Sous-officier (durée normale de 3 ans), sous-officier de carrière (10 ans), aspirant (15 ans), officier engagé (3, puis 4 ans), officier de carrière (25 ans). Dans les unités navigantes de la Marine, le temps pour les matelots était de 3 ans et pour les officiers-mariniers de 4. Pour les unités de parachutistes, elle était de 3 ans. En règle générale, c'étaient des soldats ou sous-officiers engagés.
2. Les *Bausoldaten* étaient des conscrits qui refusaient de porter les armes pour des motifs religieux. Ils étaient reconnaissables à l'insigne comportant une pelle sur les insignes d'épaule. Ils effectueront, par exemple, un travail relevant des travaux du génie militaire, construction sur les champs de tir, dans les projets économiques de travaux publics ou de terrassement.
3. En particulier les Témoins de Jéhovah.
4. Y compris la convocation renouvelée pour un rappel sous les armes. Il faudra attendre le début des années 80 pour que cessent les peines d'emprisonnement pour les objecteurs de conscience.

condamne ainsi l'intéressé à une vie sans réelle perspective de promotion sociale.

En définitive, préparé initialement par la *GST*, la *NVA* peut se féliciter d'enrôler de jeunes conscrits d'une très haute valeur technique et combative et à laquelle les appelés des armées, et même des militaires professionnels, de certains pays de l'OTAN pouvaient difficilement se mesurer.

Un nouveau maître pour la *NVA*

La mauvaise politique économique de Walter Ulbricht lui attire l'inimitié de nombreux membres du *SED* ainsi que du maître du Kremlin. À la tête d'une fronde se trouve Erich Honecker[1]. Après que celui-ci se fut assuré du soutien de la direction soviétique, il réclame des membres du *Politburo* de

Erich Honecker, principal dirigeant de l'Allemagne de l'Est de 1971 à 1989.
Bundesarchiv, Bild 183-R0518-182

1. Erich Honecker était un homme politique d'Allemagne de l'Est qui dirigea la République démocratique allemande de 1976 à 1989. Il fut longtemps secrétaire général du Parti socialiste unifié d'Allemagne ainsi que président du Conseil d'État de la République démocratique allemande, ainsi que responsable du Conseil de défense nationale.

destituer Ulbricht. Devant cette tentative de « putsch », Ulbricht demande et obtient l'exclusion immédiate d'Honecker.

Alors que l'avenir politique du putschiste semble des plus sombres et son sort personnel irrémédiablement scellé, c'est toutefois sans compter sur sa ténacité et son entregent. Immédiatement Honecker fait appel à l'ambassadeur soviétique à Berlin avec l'aide duquel, et sur l'intervention personnelle de Brejnev, il est réintégré au sein du *SED*.

Le 3 mai 1971 il est officiellement présenté au peuple est-allemand comme le successeur d'Ulbricht en tant que premier secrétaire du Comité central du SED et président du Conseil de la Défense nationale de la RDA (*Erster Sekretär des Zentralkomitees -ZK- der SED und Vorsitzender des Nationalen Verteidigungsratesder DDR).*

Stasi et *NVA* : un mariage de raison

La *Stasi* voit le jour en 1950, après que le *SED* se fut emparé de tous les leviers du pouvoir en RDA. Elle ne se borne pas à l'exercice de la recherche du renseignement et du contre-espionnage classique, mais elle est aussi, surtout peut être, la garante du respect de la doctrine marxiste et de la toute-puissance du *SED*. Elle veille tout particulièrement au respect de la *doxa* socialiste et pourchasse sans pitié les opposants du régime en procédant à la surveillance absolue de la population.

Au sein des unités de la *NVA* règne une discipline des plus rigoureuses, et les mesures arbitraires ne sont pas rares. Armée autoritaire, la surveillance de ses membres et de leurs familles, à l'intérieur aussi bien qu'à l'extérieur des casernes de la *NVA*, n'a rien à envier au système d'information et de renseignement mis en place à l'époque des années 1930-1940. Tous les militaires sans exception de grade sont susceptibles de se trouver sous la surveillance interne du Département *HA 1* de la *Stasi*.

Défilé des troupes blindées de la *NVA* en 1988,
lors des célébrations de la fête nationale.
Bundesarchiv, Bild 183-1988-1007-008

Dès le début de son existence, la *Stasi* investit rapidement tous les échelons des unités paramilitaires et de la *KVP*, puis du ministère de la Défense nationale nouvellement créé. Ses missions auprès des forces armées ont pour but de surveiller, sécuriser les personnels du ministère de la Défense et des troupes frontalières ainsi que celles des services de renseignements de la *NVA* contre les ingérences des services de renseignements de l'OTAN. L'omniprésence visible ou cachée de la *Stasi* fait partie du quotidien de la vie au sein des unités de la *NVA*.

Les services de sécurité interne au sein de l'armée de la *Stasi* opèrent officiellement sous le nom d'Administration principale 1 (*Hauptverwaltung 1 ou HA 1*) plus connue au sein des forces armées sous le vocable camouflé d'Administration 2000 (*Verwaltung 2000 ou V- 2000*).

L'*HA 1* a une hiérarchie très rigide et centralisée. Son siège se trouve Berlin-Treptow, un quartier de la capitale est-allemande, tout en occupant également des bureaux au sein même du ministère pour la Défense nationale (*Ministerium für Nationale Verteidigung)* à Strausberg.

Les fonctionnaires de la *Stasi* se recrutent principalement au sein du corps des officiers et sous-officiers de la *NVA* ainsi qu'auprès des membres de la *KVP*. Il vise principalement des militaires particulièrement bien intégrés dans leur environnement professionnel et privé et qui possèdent un fort réseau relationnel. Contrairement à l'approche généralement orientée vers la confidentialité et la clandestinité des services occidentaux, il est convenu dans une certaine mesure que les agents officiels de la *Stasi* peuvent ouvertement entretenir des liens directs avec des membres civils et militaires de la *NVA*.

Les agents de la *V-2000* sont idéologiquement irréprochables et déterminés à assumer leur rôle de bouclier et de glaive (*Schild und Schwert*) de la RDA et de son armée, selon la devise de la *Stasi*. Dans ce rôle de protecteur du régime, la *Stasi* entretient des liens étroits avec ses homologues du commandement du *KGB* détachés à l'État-major du Groupement des Forces Armées Soviétiques en Allemagne (ou GFSA).

« Les Soviétiques avaient prescrit une certaine répartition territoriale des attributions entre les services des différents pays satellites, c'est ainsi que l'espionnage (...) de l'Allemagne de l'Ouest relevait de l'Allemagne de l'Est[1]. »

La *Verwaltung 2000* dénombre dans ses rangs plus de deux cents agents officiels, quelques officiers en affectation spéciale (*Offiziere im besonderen Einsatz*[2] ou *OibE*), de collaborateurs de la Société pour la sécurité (*Gesellschaftliche Mitarbeiter für Sicherheit*)[3] et plusieurs milliers de collaborateurs officieux (*Inoffizielle Mitarbeiter ou IM*).

1. In : L'espionnage soviétique, J. R. D. Bourcart, Fayard, 1962, p. 200.
2. D'officier en affectation spéciale. Ces agents du *MfS* étaient détachés auprès d'institutions, d'entreprises, au sein des représentations diplomatiques, etc. afin d'assurer des missions de surveillance et de contre-espionnage.
3. Depuis 1968, une nouvelle catégorie d'informateurs avait été engagée activement par la directive 1/79. Il devait être connu pour avoir « en public et

Défilé des redoutables missiles longue portée de la *NVA*
lors du défilé de la Fête nationale de la RDA en 1988
Bundesarchiv, Bild 183-1998-1007-012

Ces derniers sont en fait des militaires de tout grade (ou des civils) « invités » à collaborer et à fournir tout élément susceptible d'être utilisé par leur agent traitant. Ces agents sont recrutés à tous les niveaux de la hiérarchie militaire. Les agents du *MfS* sont également intégrés à toutes les formations supérieures, dévolues aux officiers d'État-major des autres forces armées.

Les ramifications tentaculaires de la *Stasi* s'étendent aux commandements opérationnels de chaque force armée, au sein des troupes frontalières et dans les districts militaires, jusque

de façon ostentatoire une attitude et un comportement digne et conforme à la politique de l'État ». Avec le recrutement de *GMS* la *Stasi* cherchait un nouveau vivier de collaborateurs constitué le plus largement possible au sein de la société civile afin de collecter des informations et assurer des tâches de sécurité préventive. Les activités des *GMS* étaient considérées comme une expression de la « Vigilance élargie » des citoyens de la RDA et devrait soulager le travail des agents opérationnels ainsi que des *IM*. In : www.bstu.bund.de/ … / gesellschaftlicher-mitarbeiter-fuer-sicherheit.

dans les écoles militaires, comme l'Académie militaire Friedrich Engels[1]. On trouve également des agents du *MfS* au niveau des brigades, des régiments jusqu'aux unités élémentaires formant corps[2].

Que ce soit au sein de la *NVA*, ou de la société en général, il est risqué de s'exprimer ouvertement sans craindre qu'un des camarades de chambrée ou de bureau ne soit un collaborateur officieux de la *Stasi*. Les rapports fournis par ces *IM* n'ont pas seulement pour but de protéger les forces armées mais aussi de collecter des informations susceptibles de recenser les faiblesses supposées ou réelles de toute personne suspectée par le *SED*, ainsi que celles de leur famille ou de leur entourage proche.

Au même titre que leurs homologues des armées des pays de l'OTAN, les membres de la *V-2000* ont à leur disposition des locaux sécurisés et sont détenteurs de documents d'identité spéciaux qui leur octroient des pouvoirs élargis de contrôles et d'autorisation d'accès sur tous les sites de la *NVA*. Entre autres, ils ont à leur disposition personnelle un parc de véhicules de fonction portant une immatriculation civile ou militaire.

Durant leur service en tenue militaire, les hommes de la *MfS* portent l'uniforme de leur unité d'appartenance. Sur l'uniforme, ils arborent les récompenses et décorations habituellement délivrées aux agents qui se sont distingués en service du Parti et du *MfS* mais également celles obtenues à titre militaire. De plus, ils

---

1. L'Académie militaire Friedrich Engels à Dresde était un collège mais aussi la plus haute institution d'enseignement militaire et le Centre de la recherche scientifique militaire en RDA. Sa mission consistait de préparer et qualifier les officiers de toutes les branches des forces armées de la *NVA*, d'autres organes armés ainsi que des forces armées d'autres États pour les postes de direction dans les domaines de l'unité élémentaire jusqu'au commandement majeur, ainsi que dans des responsabilités au sein d'institutions ministérielles en utilisation ou pour former des enseignants. Les programmes de formation et les diplômes étaient semblables à ceux délivrés par des académies militaires soviétiques.
2. Au niveau d'un régiment ou d'un bataillon, ce sont deux officiers du grade de capitaine à commandant, généralement affectés dans des unités radios. Un lieutenant ou un sous-lieutenant tenait lieu d'officier de renseignement dans les petites structures.

ont l'autorisation exclusive de pouvoir mettre des vêtements civils[1] dans le cadre de leurs missions.

Les membres de la *Stasi* ne répondent pas devant le commandement militaire de leur affectation et ont de ce fait le pouvoir de participer ou de s'inviter à des réunions du personnel, à des exercices ou des manœuvres militaires sans avoir à en justifier devant leur hiérarchie militaire.

Ordinairement, un officier détaché du *MfS* participe aux exercices régimentaires sur le terrain. Il n'est pas rare que des officiers hautement spécialisés de la *NVA* soient détachés dans le cadre d'opérations de guerre électronique ou d'écoutes en faveur du *V-2000*[2].

À l'occasion de manifestations purement privées, auxquelles ils « s'invitent », les agents officiels du *MfS* sont reçus par leurs hôtes comme des invités d'honneur. C'est à l'issue de la Réunification, et suite à la possibilité de pouvoir consulter les archives de la *Stasi*[3], que l'on a mis à jour l'ampleur du système de surveillance mis en place par les services de renseignement est-allemand.

Nombreux sont celles et ceux qui découvrent avec consternation que durant des années ils ont été minutieusement espionnés par des amis, des collègues voire des parents proches !

---

1. Ils avaient également droit au port d'arme permanent. L'arme de service des agents de la *Stasi* était le célèbre pistolet 9 mm Makarov de conception soviétique.
2. Jusqu'en 1989 la *V-2000* était composée de près de 2319 agents et était le plus gros service au sein de la *MfS*. Avec le changement politique en RDA la *MfS* fut mise à disposition des nouveaux dirigeants démocrates. On changea l'appellation sinistre de *Mfs* en *Amt für Nationale Sicherheit* mais qui n'eut aucun impact car rapidement dissoute en novembre 1989.
3. Les archives de la *Stasi* contiennent le fichage de plusieurs millions de personnes, en premier lieu des citoyens de la République démocratique allemande, mais aussi de la République fédérale d'Allemagne et d'autres États étrangers. À la suite de l'effondrement de la RDA, elles ont été confiées à un organisme spécifique, le *Bundesbeauftragte für die Unterlagen des Staatssicherheitsdienstes der ehemaligen Deutschen Demokratischen Republik* (littéralement « mandataire fédéral pour la documentation du service de sécurité de l'État de l'ex-République démocratique allemande ») ou *BStU.*

Tableau n° 2. Organigramme du *HA 1* du *MfS*

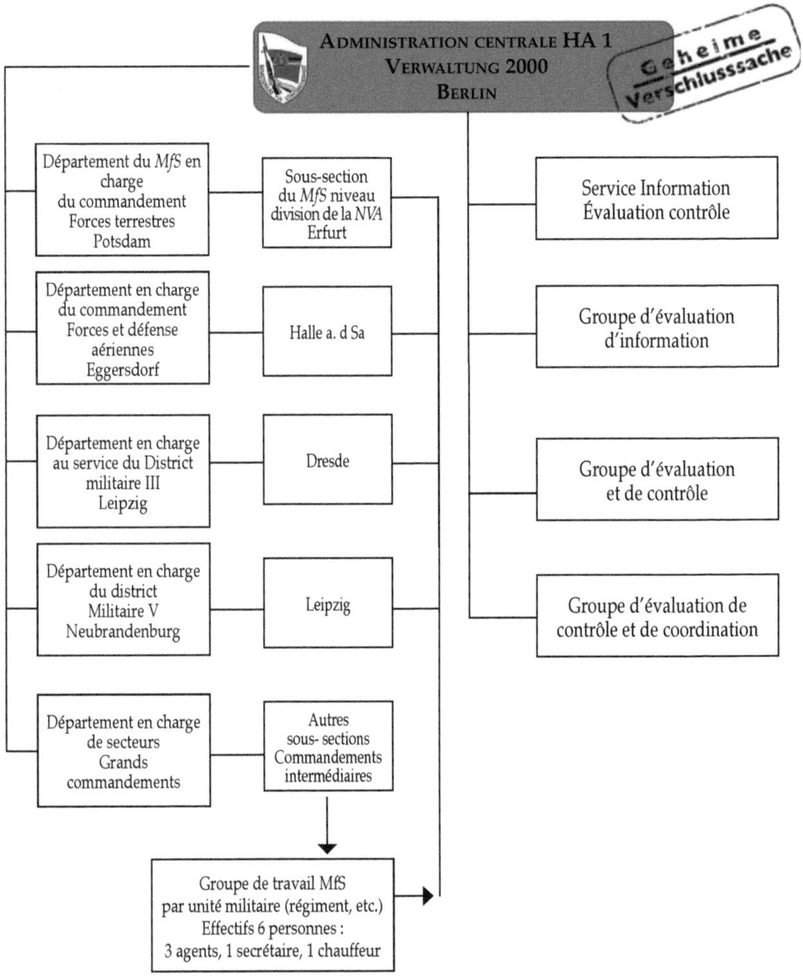

Tableau n° 3. Organigramme simplifié du *Mfs/HA 1*

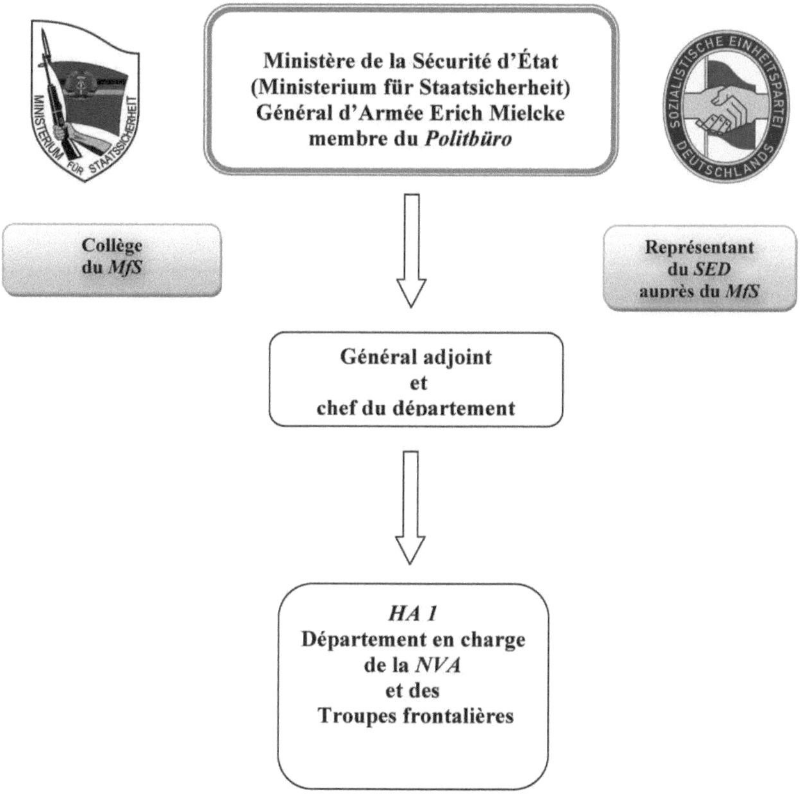

L'Armée soviétique : l'Allié omniprésent

> « Erich, je te le dis franchement, la RDA ne peut exister sans l'Union soviétique, sans sa puissance et sa force. Sans nous il n'y a pas de RDA. Ne l'oublie jamais[1]. »
>
> Brejnev, lors d'un entretien avec Erich Honecker.

Durant les dernières années de la Seconde Guerre mondiale, l'Armée Rouge[2] libère les vastes zones anciennement conquises à l'Est par la *Wehrmacht* et atteint les faubourgs de Berlin le 21 avril 1945. Dès la capitulation allemande, l'armée soviétique compte sur l'ensemble du territoire environ 1,5 million de soldats, qui deux ans après la victoire ne seront plus que 350 000.

Sans coup férir, Staline constitue dans les territoires « libérés » une zone tampon destinée à protéger le territoire de l'URSS contre toute nouvelle agression venant de l'Ouest. Cette volonté se matérialise par un cordon de sécurité et le maintien de l'Armée soviétique dans sa zone en Allemagne et tout comme dans les autres pays de l'Est.

Dans ce nouveau dispositif stalinien « préventif » la situation géostratégique de l'Allemagne de l'Est est sans conteste l'élément capital pour le *Kriegspiel*[3] du maître du Kremlin. Dès le début de la Guerre froide, la position stratégique de la zone d'occupation allemande a des répercussions sur le stationnement, l'équipement ainsi que sur les effectifs et la qualité de ces unités soviétiques.

Officiellement, l'occupation soviétique en Allemagne prend fin le 26 mars 1954 et Moscou rend à la RDA sa souveraineté.

1. Hans Halter, « Am Rande des Bürgerkriegs », *Der Spiegel*, 40/1996., p. 41.
2. Pour marquer la transition définitive de l'Armée Rouge, d'une milice révolutionnaire en armée d'un État souverain, cette dernière devient l'Armée soviétique en 1946.
3. Exercice consistant en l'étude sur la carte de thèmes tactiques et stratégiques à l'aide d'une représentation figurée des unités de manœuvre. Par le *Kriegspiel*, les Allemands étudièrent notamment l'élaboration de leurs plans d'invasion avant 1914 (plan Schlieffen), puis tous les mouvements de l'offensive dans les Ardennes en 1940 : c'était éprouver les plans opérationnels avant leur mise en œuvre sur le terrain (*Encyclop. univ.*, t. 19. 1975, p. 1056).

Cependant, l'incorporation de la RDA au sein du Pacte de Varsovie permet aux troupes soviétiques de se maintenir dans le pays sous le prétexte d'être des forces de sécurisation contre l'OTAN. Elles prennent d'abord l'appellation de Groupement des Forces Armées Soviétiques en Allemagne ou GFSA[1] puis à compter de 1988, elles sont rebaptisées Groupement des troupes soviétiques en Allemagne.

Dès le début des années 60, la *NVA* ne compte plus de conseillers militaires soviétiques dans ses rangs. L'interface entre la *NVA* et l'Armée soviétique est assurée par un « représentant du commandant suprême des forces armées des États membres du Pacte de Varsovie ». L'autonomie décisionnelle de la *NVA* connaît des limites car aucune décision importante, touchant aux questions stratégiques et tactiques, ne peut être prise sans l'aval des autorités soviétiques. La soumission au commandement soviétique est totale et signifie que la *NVA* est directement subordonnée à ses décisions, même en temps de paix.

Le GFSA représente le plus important groupement d'armées installé hors de l'URSS. La veille de la Réunification allemande, l'Armée soviétique comptabilise sur le sol allemand un contingent de 6 armées, réparties respectivement en 5 armées terrestres, équipées chacune de 19 divisions, d'une division d'artillerie et d'une armée aérienne avec 5 divisions soit au total 546 00 hommes[2].

Cela se traduit en engagement par 280 casernes, 50 terrains d'aviation et 7 500 chars répartis sur près d'un dixième du territoire, ce qui fait de la RDA une base militaire avec la plus grande concentration d'armes et d'équipements militaires hors de l'URSS !

Les relations entre l'Armée soviétique et la *NVA* sont « officiellement » toujours empreintes d'amitiés, comme l'accentue le discours du ministre de la Défense Hoffmann : « Chaque étape du développement de l'Armée nationale du peuple, toute introduction de nouvelles armes et d'équipement ou de

1. Ou *GSSD Gruppe der Sowjetischen Streitkräfte in Deutschland* en allemand.
2. In www.mdr.de › MDR.DE › *Heute im Osten* › *Damals im Osten*.

nouvelles règles d'engagement ont été accompagnées d'un soutien matériel et moral de l'Union soviétique, en particulier par le Groupe des forces soviétiques en Allemagne. L'étude de l'armée d'Octobre rouge, la quête pour se montrer l'égal du grand frère du régiment d'à côté[1] dans une compétition digne et amicale, est devenue un aspect dominant de la vie au sein de l'Armée nationale du Peuple[2]. »

La « fraternité d'armes » est sciemment stimulée et promue sur ordre des plus hautes autorités de la RDA. Sanctuarisée par la rédaction d'une Directive sur la fraternité d'armes (*Waffenbrüderschaftsordnung*) éditée en 1969 et élaborée par le Comité central du *SED*, elle exige que chaque unité de la *NVA* travaille étroitement avec le « régiment d'à côté » pour lui ressembler le plus possible, tel l'exemple à suivre. Chaque membre des forces est-allemandes doit « vivre » cette « fraternité d'armes » et s'imprégner de la glorieuse tradition de l'Armée soviétique.

Dans la pratique quotidienne, les relations entre personnels de la *NVA* et du Groupe des forces soviétiques en Allemagne restent relativement rares, bien que leurs effectifs en RDA soient trois fois plus importants que ceux de la *NVA*. En général, ces relations s'expriment au niveau des exercices militaires et des réunions de travail entre officiers supérieurs. En effet, les officiers de la *NVA* suivent tout au long de leur carrière, des formations militaires en URSS[3], condition indispensable pour espérer accéder au grade supérieur de général ou d'amiral.

1. Le « régiment d'à côté » est une formule souvent utilisée qui sert la transfiguration de la relation entre *GSSD* et *NVA*, mais la référence aux efforts d'égaler le grand frère pour prouver son égalité dans le domaine militaire n'était pas que de la fraternité des armes, mais démontrait s'il le fallait la position dominante qu'occupait l'armée soviétique au sein de la RDA. Le slogan allégorique du « régiment d'à côté » gagnait une signification beaucoup plus directe dans la vie quotidienne : En fait, de nombreuses casernes de la *NVA* étaient à côté de celles des forces armées soviétiques, séparées seulement par une clôture métallique qui servait souvent au marché. Les Soviétiques proposaient des montres ou des caméras contre des Marks de l'est afin de pouvoir acheter de l'alcool !
2. In : *Die Zeit-Online. Das Regiment von nebenan*.1978.
3. Dont au minima deux années intensives au sein d'un des prestigieuses académies militaires soviétiques.

A contrario, les hommes de troupe et les sous-officiers de la *NVA* vivent quant à eux cette « complicité imposée » à l'occasion de manifestations organisées telles la « semaine de la fraternité d'armes », des « Rencontres d'amitié », des compétitions de tir et parfois aussi au cours de formations communes sur les armes de dotations individuelles tel le fusil d'assaut.

Toutefois, les manœuvres et exercices sur le terrain se font rarement côte à côte, la *NVA* servant ordinairement d'adversaire ou de plastron durant les entraînements tactiques de l'Armée soviétique. En effet, les soldats soviétiques sont rigoureusement cantonnés dans leur caserne et entre autres soumis surtout au couvre-feu.

Peu rémunérés et réservant leur salaire à l'achat de biens de consommation, les soldats soviétiques se côtoient peu dans les rues et presque jamais dans les restaurants et les bars[1]. En cela, l'Armée soviétique reste pour les Allemands de l'Est ce qu'elle est depuis la fin de la guerre : un corps étranger en RDA.

La *NVA*, une armée endoctrinée et redoutable

Pour les autorités politiques de la RDA, la *NVA* doit être la cible prioritaire de la propagande anti-impérialiste. Dès sa création la *NVA*, n'a de cesse de marteler que l'OTAN se prépare à une guerre d'agression contre la RDA et ses alliés du Pacte du Varsovie. En conséquence, tous les moyens sont mis en œuvre pour développer et entretenir, au sein de la population est-allemande et surtout au sein des forces armées, une haine absolue contre les tenants de l'impérialisme américain et de ses alliés. Ainsi le ministre de la Défense Hoffmann s'adresse à ses troupes dans ces termes : « Il faut sans compromission transmettre à tous les personnels de l'armée une image d'adversaire « irréductible » (l'OTAN, ndlr). La vigilance des mouvements de classe contre

1. L'une des raisons serait apparemment des problèmes de discipline, bien que les unités soient principalement des unités d'élite de la Garde.

toute tentative d'agression ennemie doit être intensifiée, la haine contre l'ennemi de classe doit être approfondie. »

Entraînée à l'obéissance inconditionnelle et dans un climat de « conflit » permanent, la *NVA* parvient rapidement à acquérir un très haut degré de mobilisation de tous ses éléments terrestres, maritimes et aériens mais surtout atteint un seuil de réactivité rarement atteint par une armée moderne. Aussi, est-il juste d'écrire que la *NVA* est prête à entrer en campagne en un temps record.

Les hommes de la *NVA* sont des spécialistes qui maîtrisent parfaitement leur système d'armes mais dont les compétences dans d'autres domaines techniques ou militaires ne sont pas toujours assurées.

C'est une armée d'exécution ou tout est réglementé de telle façon que chacun à son niveau de responsabilité sait ce qu'il a à faire aussi bien en temps de paix qu'en temps de guerre. Rien n'est laissé au hasard ou à la moindre fantaisie. C'est une mécanique militaire de haute précision mais où le moindre grain de sable peut éventuellement gripper tout le système.

En effet, tout le système de défense de la RDA est basé sur une réactivité exemplaire non seulement de son armée mais aussi des corps paramilitaires ainsi que du corps social au travers des services de protection civile et des administrations régulièrement entraînées à pouvoir œuvrer sans interruption en cas de conflit.

Dans les années 1980 la *NVA* ne dénombre pas moins de 300 000 réservistes[1] et 44 000 hommes des troupes frontalières *NVA*, apport non négligeable d'hommes formés au maniement des armes, ce qui renforçait considérablement son potentiel combatif[2].

1. In Matthias Fuchs, *Die Auflösung der NVA und ihre Teilintegration in die Bundeswehr* / Seminar für Politische Wissenschaft/ Rheinische Friedrich-Wilhelms-Universität, Bonn, 2001.
2. La réserve se répartissait en deux catégories : Les premiers ayant déjà servi au sein des forces armées et la deuxième réunissant ceux ayant suivi leur formation préparation militaire mais sans avoir été incorporés au sein de la *NVA*. Cette catégorie était tenue de se préparer au service armé par tous les moyens mis à leur disposition par le *SED*. In *Frage und Antworten zum Wehrdienst*, p. 232 ou Knöfel und Lindner, *Ich werde Soldat*, p. 100.

Carte n° 1. Axes possibles d'attaque en cas d'offensive du Pacte de Varsovie contre l'Allemagne de l'Ouest

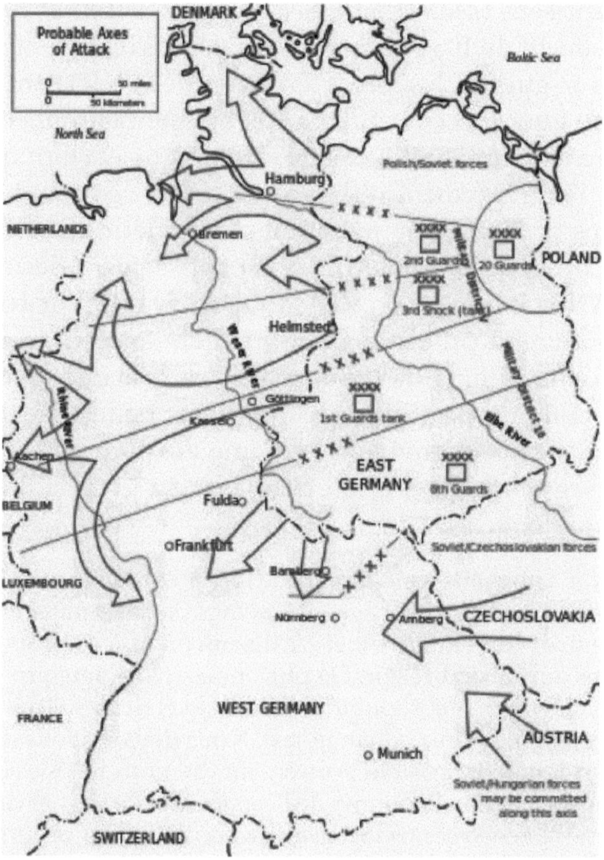

Si la situation avait dégénéré en Troisième Guerre mondiale, les forces est-allemandes et soviétiques auraient utilisées « la trouée de Fulda » et l'étendue de la plaine d'Allemagne du Nord pour une avancée fulgurante vers les objectifs assignées tels que la côte Atlantique.
Sur le territoire de l'Allemagne de l'Est sont indiquées les armées du groupement des forces armées soviétiques en Allemagne[1].

1. Par Graham H. Turbiville (raster version) – Rasmussen, Col Robert D. "The A-10 in Central Europe: A Concept of Deployment-Employment", Vol. XXX, No. 1 (Novembre-Décembre 1978): 26-44. http://www.airpower.maxwell.af.mil/airchronicles/aureview/1978/nov-dec/rasmussen.jpg (raster version), maine public, https://commons.wikimedia.org/w/index.php?curid=23332930

Composée de très nombreuses divisions d'infanterie d'assaut motorisées (*Motorisierte Schützendivisionen*) et blindées avec un effectif de 108 000 hommes en temps de paix et 394 000 en temps de guerre[1], les forces terrestres de la *NVA* sont préparées à une guerre éclair et remarquablement entraînées pour combattre en ambiance nucléaire, biologique et chimique.

Aussi l'entraînement militaire de toutes les composantes des forces armées est-allemandes et soviétiques a comme objectif l'occupation de Berlin[2], l'anéantissement des troupes de l'OTAN stationnées en RFA, tout en ayant pour conduite de poursuivre la progression de manière à atteindre la côte Atlantique en moins de deux semaines ! Face à cette situation, les militaires de l'OTAN comprenaient que leur situation n'était pas des plus enviables, comme l'explique Hanno von Kielmansegg, ancien chef d'état-major du groupe d'armées Nord de la *Bundeswehr* :

> « Nous n'avions jamais assez de forces et toujours trop peu de temps. Car l'assaillant avait l'avantage de déterminer le déclenchement (de l'attaque), et c'est seulement à ce moment que nous aurions pu réagir. De plus, nous avons toujours eu trop peu d'espace : la République fédérale était très étroite par la division (des deux Allemagnes). Nous devions nous défendre aussi loin que possible. Autrement dit, nous ne pouvions pas nous permettre de donner de l'espace afin de gagner du temps où de concentrer nos forces en profondeur. Nos propres plans de défense s'arrêtaient tous à la frontière intérieure allemande. (...). Le temps était ainsi un facteur déterminant. Pour pouvoir rassembler l'ensemble des troupes opérationnelles, nous aurions eu besoin au minimum de trente jours, en incluant les renforts devant provenir d'Angleterre et d'Amérique. (...) Lors

1. In Theodor Hoffmann, *Das letzte Kommando*, Mittler, 1993, p. 320.
2. Concernant Berlin, 32 000 hommes de troupes germano-soviétiques devaient investir la partie Ouest défendu par seulement 12 000 hommes de l'OTAN. Les chefs de corps des différentes unités avaient une pratique qui frôlait la perfection par une connaissance minutieuse de tous les points à investir (Château d'eau, commissariats de police, centrales téléphoniques etc.) ainsi que la liste des personnes à livrer à la *Stasi* ou à fusiller sur le champ ! In Peter Schneider, « *Die neuen Kameraden* », *Der Spiegel*, 24/94, p. 82.

> d'une attaque, après une très courte période de préparation, la planification d'atteindre la frontière germano-néerlandaise en sept jours était tout à fait réaliste. »

À l'étude des nombreux documents confidentiels et secrets provenant des archives du *MfNV* et de la *Stasi,* il se confirme que les experts occidentaux les plus pessimistes sont encore en deçà de la vérité. À l'époque l'OTAN était incapable, dans un premier temps, de mobiliser et encore moins de s'opposer à une offensive des unités de la *NVA.*

Preuve en est la comparaison de certains exercices de l'OTAN où la difficulté et la lenteur à mobiliser ses troupes est une constante. En cas de conflit classique l'Ouest aurait été rapidement submergé par les troupes du Pacte de Varsovie. L'entrainement poussé de tous les éléments de la *NVA* confirme bien que l'emploi simultané de gaz toxiques de combat et de l'arsenal nucléaire tactique était prévu. Néanmoins, et bien que la *NVA* fût en mesure d'utiliser des vecteurs pouvant recevoir des ogives nucléaires, seules les unités soviétiques disposaient du contrôle des dépôts de munitions atomiques.

La majorité des officiers de la *NVA,* selon leur armée d'appartenance et leur degré d'expertise, avaient à connaître parfaitement les effectifs, l'organigramme et la composition des entités ennemies grâce aux informations fournies par leur service de renseignement. Nombreux sont les soldats de la *NVA* entraînés à pouvoir utiliser les matériels aux normes de l'OTAN. Cette connaissance fine de l'ennemi et de ses moyens opérationnels est un atout non négligeable et donne un net avantage aux forces de la *NVA* dans le cas d'une guerre à laquelle l'OTAN aurait bien du mal à faire face.

Tous les éléments de la *NVA* ont de la sorte acquis une haute maîtrise de l'action offensive car tout a été préparé pour une guerre offensive. Rien n'est laissé au hasard, on découvre même dans des dépôts de la *NVA* des stocks contenant des uniformes pour de futurs maréchaux, de l'argent d'occupation, des plaques de rues, des cartes d'identité pour le personnel administratif d'occupation[1] et mêmes des croix de Guerre, en cas de victoire sur l'Ouest[2] !

Depuis l'instauration d'une mobilisation permanente de combat, qui exigeait une disponibilité de tous les instants, les membres de la *NVA* ne connaissent que très rarement des périodes de repos ou de congés[3]. La moindre entorse à l'exercice de ce principe cardinal était sévèrement réprimée. Un pilote de la *NVA* qui a déserté à l'Ouest rapporte au cours de l'un de ses interrogatoires que : « (...) durant une année entière il n'avait eu que 38 jours où il avait pu s'éloigner de la zone d'alerte opérationnelle, et que le restant du temps il était dans l'attente du déclenchement de la sirène[4]. » Matthias Fuchs quant à lui insiste dans son ouvrage que dans les années 1980 : « Les armes devaient être prêtes à l'emploi en quelques heures. Un tel niveau élevé de préparation n'a pas été atteint dans l'armée y compris durant la crise des missiles cubains[5] (!) »

---

1. On ne découvrira pas moins de 200 000 cartes d'identité spéciales imprimées en faveur des personnels civils est-allemands Ces personnels civils à la suite des forces devaient assurer le contrôle et l'administration des pays occupés par la *NVA*.
2. « J'ai très soigneusement noté la constance avec laquelle le gouvernement de la RDA avait assuré la capacité de faire la guerre. Il y avait six «complexes de stockage». Ceux-ci contenaient des équipements, des blindés, des véhicules blindés, de l'artillerie, de grandes unités mécanisées. Lorsque l'on rappelait les réservistes, ils se faisaient équiper, percevaient leur arme et sortaient avec leurs chars. Il y avait une défense civile, qui était très bien organisée. Il y avait d'énormes trains hôpitaux. Je pris en compte un camp à Doberlug-Kirchhain, dans lequel des plaques de rue étaient déposées qui devaient être utilisées dans les zones occupées. A Strausberg j'ai pris en compte une cave à médailles. S'y trouvaient des médailles de guerre pour commémorer la prise du Rhin. Il y avait l'ordre de Blücher en Or, Argent et Bronze. Et nous avons trouvé de l'argent pour les zones d'occupation. C'était le mark de la RDA de 1955, avec une empreinte particulière ». In *SHZ*. « General Schönbohm Interview d'Alf Clasen », 17 juin 2009.
3. Les officiers n'avaient droit qu'à une sortie par semaine et rares furent les occasions de passer les fêtes en famille. In Peter Schneider, "Die neuen Kameraden", *Der Spiegel*, 24/9, p. 82
4. In *"Knallhart auf Angriff"*, *Der Spiegel*, 42/1973.
5. In Matthias Fuchs, *Die Auflösung der NVA und ihre Teilintegration in die Bundeswehr* /Seminar für Politische Wissenschaft/ Rheinische Friedrich-Wilhelms-Universität Bonn, 2001.

Une telle « tension opérationnelle » exige d'importants sacrifices de la part des militaires et de leur famille qui vivaient en quasi-autarcie et à l'écart de la population civile. Dans cette optique des cités sont créées afin de pouvoir disposer en permanence, de l'ensemble des personnels. Le *SED*, quant à lui, justifie les exercices récurrents de mise en alerte sous le prétexte d'opérations de mouvements récurrents des troupes de l'OTAN.

Les *Mobilmachungsdivisionen* : fer de lance de la *NVA*

La mobilisation générale de tous les moyens militaires en RDA est telle qu'après avoir franchi tous les paliers de mise en alerte, les unités de combats opérationnelles de premier niveau (divisions mobilisables, unités aériennes de combats, etc.), en service 24 h/24, sont en mesure de pouvoir s'équiper en 30 minutes maximales et de quitter leur caserne au bout de 2 heures !

Par des exercices d'alerte répétitifs et un taux de mobilisation de ses effectifs de l'ordre de 85 %, la *NVA* est prête à un engagement militaire global en moins de deux semaines. Cependant, afin de posséder une force de réaction rapide, le *MfNV* crée les fameuses « Divisions de mobilisation » (*Mobilmachungsdivisionen*) qui en moins de 48 heures sont mobilisables et en ordre de marche en 72 heures tout juste !

Face à la crainte, surfaite, d'une attaque surprise par les forces de l'OTAN, le *MfNV* dispose d'unités instantanément opérationnelles qui sont ces divisons de mobilisation. Sous la dénomination camouflée de centres de formation (*Ausbildungszentren*) elles ont comme mission « officielle » de former les sous-officiers et réservistes de la *NVA*.

Bien qu'il s'agisse de centres de formation, ils sont en fait structurés selon le modèle des divisions d'infanterie motorisée[1]

1 Klaus Naumann (Hg), *NVA – Anspruch und Wirklichkeit, nach ausgewählten Dokumenten*, Hamburg/Berlin/Bonn, Verlag E. S. Mittler & Sohn GmbH, 1994, p. 89.

ce qui facilite d'autant leur transformation en unités de combat en cas de mobilisation immédiate.

Le soutien est assuré par les entrepôts de stockage (*Komplexlager* ou *KL*) de ces « centres de formation » qui possèdent l'équipement, les véhicules, l'armement et l'alimentation nécessaires permettant à ces unités d'entrer immédiatement en campagne.

La répartition de ces unités se fera de la façon suivante : Le centre de formation 6 (*Ausbildungszentrum 6 ou AZ 6*) se transformera en 6e division d'infanterie motorisée (*6. Motorisierte Schützendivision ou 6.MSD*) complétée par l'entrepôt de stockage 43 (*Komplexlagers 43* ou *KL 43*) à Königswartha[1], l'*AZ 10* en *10. MSD* et son *Kl 23* à Ronneburg en Thuringe, l'*AZ 17* en *17. MSD* et son *Kl 13* à Petersroda, l'*AZ* 19[2] en *19. MSD* et son *Kl 19* à Wulkow et l'*AZ 20* en *20. MSD* et son *Kl 15* à Bredenfelde provenant des districts militaires n° 3 et n° 5[3] qui fournissent ainsi les 5 divisions d'intervention.

En cas de mobilisation, les commandants des centres de formation deviennent automatiquement commandant de ladite division immédiatement créée et il en est de même pour les cadres de ces mêmes centres de formation qui prennent le commandement de régiments et de bataillons qui leurs sont affectés.

À juste titre, Siegfried Lautsch, ancien colonel[4] de la *NVA* et auteur d'un ouvrage de référence sur l'organisation opérationnelle de la *NVA*[5], nous informe sur un point essentiel relatif à

1. Klaus Naumann (Hg), *NVA – Anspruch und Wirklichkeit, nach ausgewählten Dokumenten*, Hamburg/Berlin/Bonn, Verlag E. S. Mittler & Sohn GmbH, 1994, p. 109 (valable pour les autres unités également).
2. Le centre de formation n° 19 se différencie des autres centres de formation de la *NVA* dans la mesure où il était déjà équipé et fonctionnait déjà en temps de paix sous la forme d'une division d'infanterie motorisée. In Wilfried Kopenhagen/Hans Mehl/Knut Schäfer, Die NVA – Land-, Luft- und Seestreitkräfte, Stuttgart, 1. Auflage Motorbuch-Verlag, 2006, p. 182.
3. In *Im Dienste der Partei*, Handbuch der NVA, p. 484.
4. Il terminera sa carrière comme lieutenant-colonel de la *Bundeswehr*.
5. *Kriegschauplatz Deutschland. Ehrfahrungen und Erkenntnisse eines NVA Offiziers*, Potsdam, Publikation des ZMSBw, 2013.

l'ordre de mobilisation générale. La variation des différentes phases de mise en alerte devant s'achever par le déclenchement de la mobilisation générale (voir tableau n° 4 page suivante) entraînait les forces armées mais également l'ensemble des administrations et la société à se préparer à l'état de guerre. En définitive « la mobilisation générale était alors le prélude à la guerre et de fait une déclaration de guerre et ne pouvait être qu'interprétée comme telle (et donc irréversible selon l'auteur)[1] ». Par conséquent aucun exercice grandeur nature n'a jamais été exécuté.

Défilé du 7 octobre 1987 des troupes motorisés de la *NVA*
Bundesarchiv, Bild 183-1998-1007-009

1. *Kriegschauplatz Deutschland. Ehrfahrungen und Erkenntnisse eines NVA Offiziers*, Potsdam, Publikation des ZMSBw, 2013, p. 45.

Tableau n° 4. Déploiement des divisions de mobilisation

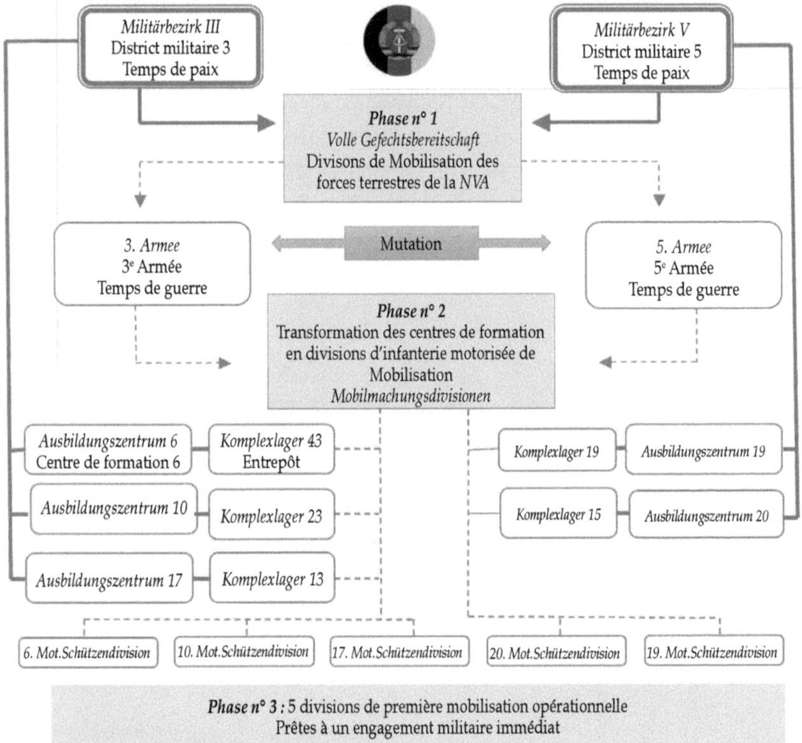

Tableau n° 5. Niveaux d'alerte[1] opérationnelle de la *NVA*[2]

4. Volle Gefechtsbereitschaft (VG)
Préparation maximale au combat-État de guerre
Dans le cas où la RDA était directement menacée. Toutes les forces armées (telles les Divisions de mobilisation des forces terrestres) étaient prêtes au combat (installations dans les abris nucléaires, mise en place des batteries de missiles, etc.) et à accomplir les missions assignées. Ce dernier niveau d'alerte doit être achevé (en cas d'influences extérieures ou intérieures retardatrices) entre 6 à 8 heures maximum(s). La *NVA* était alors entièrement apte à entrer en campagne

↑

3. Gefechtsbereitschaft bei Kriegsgefahr (GK)
Préparation au combat sous menace de guerre
C'est la phase de la mobilisation partielle qui engage toutes les mesures de déploiement de tous les moyens humains et matériels de la *NVA* sur des emplacements et zones de défenses confidentiels, ainsi que sur des terrains d'aviation. C'est l'étape provisoire vers le plus haut niveau de mobilisation au combat. Il commence avec le déstockage du matériel spécialement conservé pour le déploiement des troupes. Les opérations sont à exécuter en 40 mn en été et 60 mn en hiver (au départ d'une alerte SG) ou 30 mn en été et 40 mn en hiver (Au départ d'une alerte EG) au plus tard entre 2 et 3 heures.

↑

2. Erhöhte Gefechtsbereitschaft (EG)
Élévation du niveau de préparation au combat
Première étape de mise en mobilisation armée. Sont exécutées, toutes les tâches nécessaires à un engagement opérationnel. Mise en place de mesures graduées. Tous les personnels sont confinés dans leur caserne et se préparent à une montée en puissance. Les équipements et l'armement sont prêts à être perçus entre 4 à 6 heures après le déclenchement de l'alerte.

↑

1. Ständige Gefechtsbereitschaft (SG)
Préparation continue au combat
Condition régulière de la majorité des unités et des états-majors de la *NVA*. 85 % des personnels doivent se trouver dans leur caserne où être disponibles au sein de la garnison. Dès le déclenchement de l'alerte ils doivent être en mesure d'exécuter les procédures initiales de préparation opérationnelle.

1. Parallèlement à ces différentes étapes de préparation au combat qui touchaient l'ensemble des forces armées, la *NVA* avait également élaboré des étapes de mobilisation spéciales. En fonction du niveau de la crise, elles étaient provoquées de manière à être immédiatement opérationnelles avant les étapes de préparation des forces. Ce système de mobilisation intermédiaire permettait à la *NVA* d'assurer la montée en puissance rapide de tous les systèmes de transmissions et de communication de guerre bien avant le déclenchement d'un éventuel conflit.
2. *Gefechtsbereitschaft auf Flak11./Torsten Diedrich. Hrsg./Bearbeiter im Auftr. des Militärgeschichtlichen Forschungsamtes, Augsburg,* Handbuch der bewaffneten Organe der DDR, 2004.

Exercice de sauts en mer d'un hélicoptère Mi 18
des nageurs de combats du commando n° 18 de la Marine de la *NVA*
Bundesarchiv, Bild 183-U1007-0050

LES AUXILIAIRES ARMÉES DE LA *NVA*

> « J'étais, en toute confidentialité, major général de la *NVA*, pas du *MfS*. Comme membre du Conseil de défense j'avais en cas de mobilisation, en tant que plénipotentiaire, la charge de la partie État et Droit. Bien qu'il s'agisse de missions du domaine civil, en exerçant les fonctions du Parlement et le maintien des liaisons avec les ambassadeurs, mon État-major aurait été uniquement composé d'officiers, et afin de pouvoir leur donner des ordres, je devais formellement me voir détenir un grade militaire. (...) Les exercices d'alertes se déroulaient deux fois par an. Nous y participions tous. En commençant par Honecker (...) nous portions tous des tenues de combat. »
>
> Horst Sindemann, président de la Chambre du Peuple. Interview donnée en 1990[1].

Selon le concept inspiré du modèle soviétique, le *SED* ne se repose pas seulement sur les éléments du *MfNV*, composés de la *NVA*, des *Grenztruppen der DDR*[2], ou la défense civile (*Zivile Verteidigung*) pour défendre l'intégrité territoriale de la RDA. Elle met en place et s'appuie en outre sur des formations para-militaires regroupées sous l'appellation d'organes armés de la RDA (*Bewaffnette Organe der DDR)*[3] qui ont également pour mission d'assurer la sécurité intérieure de la RDA. Les groupes se répartissent de la façon suivante :

1. In *Spiegel*, 19/1991. www.spiegelgruppe-nachdrucke.de
2. Les gardes-frontières de la RDA comptaient de 1980 à 1989 un effectif d'environ 44 000 éléments sous les armes. In Jürgen Ritter, Peter Joachim Lapp, *Deutschland grenzenlos: Bilder der deutsch-deutschen Grenze - Damals und Heute*, p. 12.
3. Bien que le terme intègre ainsi officiellement l'ensemble de forces équipées d'armes déployées pour la défense nationale et l'ordre interne de la RDA, il n'a en fait été familièrement utilisé qu'uniquement pour la *NVA*.

– *MdI* : la *Deutsche Volkspolizei* ou *Vopo*[1], les *Kasernierte Volkspolizei-Bereitschaften*, la Police des transports (*Transportpolizei*)[2], les Groupes de combats de la classe ouvrière (*Kampfgruppen der Arbeiterklasse*)[3] qui participeront à des manœuvres avec la *NVA*[4], les unités encasernées du ministère de l'Intérieur (*Kasernierte Einheiten des MdI*).

– La *MfS* faisait également partie des institutions armées[5].

– Le ministère du Commerce extérieur fournissait son contingent d'éléments armés grâce à ses agents des douanes formés de manière appropriée.

Toute activité au sein d'une de ces unités armées est considérée comme un service militaire actif[6], sauf au sein de la *Vopo*.

1. La police du Peuple reposait sur plus de 80 000 agents actifs et de 177 500 supplétifs bénévoles. Grâce au numéro d'enregistrement personnel, la police était en mesure au même titre que la *Stasi* d'obtenir toutes les données informatisées de n'importe quel ressortissant de la RDA. A la Réunification, les services de police furent repris par la police fédérale et près de 40 % des personnels de la *DVP* furent licenciés.
2. Son effectif au 1er mars 1990 était de l'ordre de 5600 policiers et 800 conscrits, en comparaison la police ferroviaire de la *Deutsche Bahn* de l'Ouest ne comportait que 2 700 agents. A la veille de la Réunification et après une réduction des effectifs environ 1 700 policiers seront repris au sein de la *Bahnpolizei im Bundesgrenzschutz*.
3. Les Groupes de combat de la classe ouvrière avaient la particularité de dépendre directement de l'autorité du Comité central du *SED*. On différenciait au sein de ses unités des forces de combats et celle de sécurisation (*Kampf- und Sicherungskräften*). On comptait en 1980 en 78 500 combattants et environ 106 500 membres des forces de sécurisation. En y additionnant les réservistes, l'effectif théorique s'élevait à 210 000 combattants. Ces groupes seront démantelés en novembre 1989 et le 6 décembre 1989 ils seront désarmés. Fin mai 1990 toutes les unités furent démobilisées.
4. Selon des documents internes de l'Académie militaire Friedrich Engels, les forces de combat de district pouvaient être réquisitionnées pour être intégrées dans les structures de la *NVA* comme unités de combat régulières. Ainsi ces forces ont participé en 1970 à des manœuvres de combat de la *NVA*.
5. La *Stasi* était le plus grand appareil de sécurité dans l'histoire de l'Humanité comparé à la taille de sa population. La *Stasi* a commencé en 1950 avec environ 2 700 agents et en octobre 1989 elle comptait plus de 91 000 employés (environ 10 000 dans le contre-espionnage).
6. Les membres de ces organes armés bénéficiaient d'avantages non négligeables comme un supplément de rémunération, une retraite plus importante calculée en fonction de leur rang, la position et l'ancienneté. Depuis 1990,

En fait, plus de 2,5 millions de citoyens est-allemands étaient passés par une formation militaire[1].

SOLIDARNOSC[2]

À l'été 1980, la Pologne connait une situation économique dramatique à laquelle s'ajoute une augmentation drastique des prix qui conduit le peuple polonais à manifester son mécontentement. Rapidement des mouvements de grèves se déclenchent dans les grandes villes ouvrières comme Lublin et Gdansk qui ouvrent la voie à une période de troubles dans tout le pays.

Les revendications des grévistes dépassent les seules demandes ouvrières et créent de fortes tensions avec l'appareil communiste polonais. Au final, elles entraînent des bouleversements politiques, comme le départ du secrétaire général Edward Gierek[3]. Un accord permet la reconnaissance des syndicats indépendants et le droit de grève dont le plus connu est *Solidarnosc*. La survie de ce syndicat, représenté par le charismatique Lech Walesa[4], est un événement sans précédent,

le contribuable allemand finance les retraites complémentaires des anciens membres des « organes armés » de la RDA.

1. In Wenzke, *Reservisten in der NVA*, p. 347.
2. *Solidarność* (mot qui signifie « solidarité », en polonais) est une fédération de syndicats polonais fondée le 31 août 1980, dirigée à l'origine par Lech Wałęsa. Ce mouvement jouera un rôle clé dans l'opposition au régime de la République populaire de Pologne.
3. Edward Gierek était un homme politique communiste polonais. Il a dirigé la République populaire de Pologne de 1970 à 1980. Alors que le niveau de vie s'était amélioré dans le début des années 1970, le choc pétrolier entraîne une pénurie et de l'inflation dans le pays. C'est alors que le syndicat *Solidarność* apparaît sur les chantiers de Gdańsk. Des grèves sont organisées. Après avoir fait réprimer les grèves, Edward Gierek décide d'accorder ce droit au syndicat, afin de tenter de normaliser les relations avec le pape Jean-Paul II. Ces décisions et la crise économique achèvent de le rendre impopulaire dans le parti, il sera remplacé par Stanisław Kania.
4. Fondateur du syndicat *Solidarność* et fut président de la République de 1990 à 1995. Il était électricien avant de fonder avec Anna Walentynowicz le syndicat *Solidarność* pour défendre les salaires des ouvriers des chantiers navals de Gdansk en 1980.

non seulement en Pologne, mais également dans l'ensemble des pays du Pacte de Varsovie.

Ces troubles inquiètent fortement les dirigeants du bloc communiste, mais tout particulièrement Erich Honecker. Dès le début des émeutes en Pologne, les membres du *Politbüro*[1] du *SED* craignent que les débordements ainsi que les revendications des ouvriers polonais puissent influencer l'esprit des ouvriers de la RDA. Le souvenir de la révolte de 1953 demeure intact dans les mémoires des dirigeants est-allemands. En réponse, Moscou tente l'intimidation en organisant en septembre 1980, la plus grande manœuvre des troupes de Varsovie depuis la fin de la Seconde Guerre mondiale.

Cette révolte populaire représente un réel danger pour le *SED* qui décide, le 30 octobre 1980, d'interrompre la délivrance de visas à la frontière germano-polonaise. L'impossibilité de se rendre dans le pays voisin doit ainsi permettre d'éviter toute « contagion révolutionnaire ». Honecker se fait le chantre d'une intervention armée du Pacte de Varsovie et obtient de Brejnev[2] la tenue d'une réunion des responsables politiques des pays du bloc communiste.

Impatient d'agir, Honecker doit ronger son frein car un éventuel ordre d'intervention ne peut venir que de Moscou. Anticipant toutefois un engagement contre-insurrectionnel, il ordonne au commandement de la *NVA* de se préparer à une intervention

1. Le Bureau politique dirigeait les travaux du Parti entre les sessions plénières du Comité central. Il est le véritable centre de pouvoir politique du parti. Dans les pays socialistes, il est autorisé à émettre des directives à son gouvernement, en particulier dans les domaines de l'économie, de politique étrangère et de l'information. Au sein du *SED*, il y avait un bureau politique du Comité central dirigé par un premier secrétaire et à partir de 1976, par un secrétaire général. Les travaux du Bureau politique étaient gérés par un Secrétariat du Comité central qui parfois dominait le *Politbüro*.
2. Léonid Ilitch Brejnev était un homme politique soviétique, secrétaire général du Parti communiste de l'Union soviétique, et donc principal dirigeant de l'URSS de 1964 à 1982. Il fut en outre président du Præsidium du Soviet suprême (fonction honorifique de chef de l'État) à deux reprises, de 1960 à 1964 et de 1977 à 1982. In Dariusz Wojtaszyn, *Erich Honecker und die Solidarnosc*, Berliner Debatte Initial, 2012, p. 2.

en Pologne. Cette opération a pour nom de code « Mesure de formation commune » (*Gemeinsame Ausbildungsmassnahme*)[1].

Devenu Premier ministre le 18 octobre 1981, le général Wojciech Jaruzelski[2], semble devoir permettre de reprendre le dessus sur les mouvements réformistes polonais. En effet, à l'aube du 13 décembre 1981, le général Wojciech Jaruzelski proclame « l'état de guerre »[3] et mène une vaste opération d'arrestations tout en interdisant *Solidarnosc*[4] qui est le point d'orgue de ces actions « contre-révolutionnaires ».

En dépit de cette « normalisation », Honecker, ainsi que les autres dirigeants des pays frères, n'écartent pas l'idée d'une intervention militaire de grande envergure. Il maintient ses plans d'intervention[5] et laisse ses troupes frontalières ainsi que certaines unités d'élite de la *NVA* en alerte. Que serait-il advenu si la *NVA* était intervenue ?

Changement de doctrine militaire

L'engagement militaire des forces de la *NVA* suit les thèmes imposés par la doctrine militaire soviétique, dont la dernière

1. In Dariusz Wojtaszyn, *Erich Honecker und die Solidarnosc*, Berliner Debatte Initial, 2012, p. 3. Trad : exercice groupé de formation.
2. Le général Wojciech Jaruzelski évincera Stanislaw Kania et prendra sa place à la tête du parti. Depuis le 9 février 1981, il assumait déjà la fonction de Premier ministre en sus du ministère de la Défense. Le voilà désormais tout-puissant, avec des pouvoirs quasi-illimités. In Hérodote.net. 13 décembre 1981. État de guerre en Pologne, Alban Dignat.
3. La formule désigne la suspension des garanties légales et s'apparente à la loi martiale.
4. Ne réussiront pas à écraser la contestation qui se poursuivra sous différentes formes au cours des années 80, mais 6000 syndicalistes sont arrêtés, y compris le populaire Lech Walesa. Le syndicat libre *Solidarnosc*, fondé dix-huit mois plus tôt est dissous. L'émotion est immense dans le pays comme en Occident. In Hérodote.net. 13 décembre 1981. État de guerre en Pologne, Alban Dignat.
5. Il avait même été imaginé pour le 13 et 14 décembre 1981 d'intervenir en Pologne avec des unités blindées et motorisées. L'ordre d'engagement n° 118/80 sur la préparation de cette opération sera maintenue jusqu'en avril 1982.

date de 1983. Elle est entièrement conçue pour la contre-offensive (ou l'offensive anticipée) contre une invasion supposée ou en préparation des troupes de l'OTAN massées sur le territoire de l'Allemagne fédérale.

C'est alors que le 11 mars 1985, Mikhaïl Gorbatchev [1] est nommé nouveau secrétaire général du Parti communiste soviétique[2]. L'arrivée au pouvoir de cet homme, appartenant à la jeune génération de communistes, est perçue dans les deux Allemagnes et dans le reste du monde comme l'avènement d'une nouvelle vague de dirigeants soviétiques réformateurs.

Dans le domaine des relations Est-Ouest, et tout particulièrement en ce qui concerne le volet militaire, le changement de conception d'engagement opérationnel des forces du Pacte de Varsovie est radical. Faisant suite à une politique de réduction des effectifs de l'armée soviétique, Gorbatchev change la donne stratégique au sein du Pacte de Varsovie et fera évoluer la doctrine militaire soviétique vers une conduite des opérations purement défensive. Ainsi, le nouveau *modus operandi* rectifie toutes les procédures d'engagements opérationnelles des forces, modifie l'ordre de bataille en cas de mobilisation générale, les ordres tactiques et les plans d'attaque et révise les ordres d'opération dans un but purement défensif.

> « La nouvelle manière de raisonner sur la question de la guerre – de la paix des États socialistes alliés exigeait la nécessité d'élargir la définition classique de la doctrine militaire. La thèse principale sur la relation des États ou groupes d'États à la guerre comme moyen d'atteindre des objectifs politiques a été introduite. Sous la prise en compte de cet appoint, la doctrine militaire des États

1. Mikhaïl Gorbatchev parfois surnommé « Gorby » par la presse occidentale dirigera l'URSS entre 1985 et 1991. Résolument réformateur, il s'engagea à l'extérieur vers la fin de la Guerre froide, et lança à l'intérieur la libéralisation économique, culturelle et politique. Impuissant à maîtriser les évolutions qu'il avait lui-même enclenchées, sa démission marqua le point final de l'implosion de l'URSS, précédée de deux ans par l'effondrement des régimes communistes en Europe de l'Est.
2. Quelques heures seulement après l'annonce du décès de Constantin Tchernenko.

du Pacte de Varsovie se définit comme un système de vues fondamentales : empêchant la guerre, développant la structure militaire, préparant le pays et les forces armées à se défendre en cas d'agression, déterminant dans la défense du socialisme les méthodes pour mener la guerre. Le contenu de notre doctrine militaire commune est l'expression de la volonté politique de l'URSS et de ses alliés d'entreprendre les efforts nécessaires afin de trouver une solution (...) pour rejeter toute guerre – qu'elle fût une guerre nucléaire ou même une guerre conventionnelle – devant atteindre des objectifs politiques. Les États socialistes alliés ont déclaré devant l'humanité toute entière, que jamais et sous aucun prétexte ils n'engageront une action militaire contre un État ou un groupe d'États s'ils ne sont pas eux-mêmes attaqués. (...) Ils sont prêts à travailler avec tous les pays du monde sans exception sur la base de l'examen de leurs intérêts sécuritaires et construire une coexistence pacifique. Les obligations énoncées dans la doctrine du traité de Varsovie ont clairement montré leur caractère défensif. »

Général d'Armées G.L Salmanow,
Chef de l'Académie de l'État-major général
des forces armées de l'URSS[1].

Pour la première fois dans les annales du Pacte de Varsovie, et afin d'assurer la cohérence des décisions qui viennent d'être prises par le haut commandement, celles-ci sont répercutées jusqu'au niveau subalterne des commandants de régiment de la *NVA,* touchés par un nouveau processus de planification. À partir de 1988 et jusqu'à la Réunification, la planification opérationnelle de la *NVA* et des troupes frontalières de la RDA se voit réarticulée de manière complète.

Pour une nouvelle stratégie militaire

Alors que pour les stratèges de l'état-major général des forces soviétiques l'ensemble du territoire de la RDA et de

1. *In* Sur la doctrine militaire. NVA-forum. Doc. N° R 19870101-_salmanow.

la RFA avait été jusqu'alors considéré comme la zone principale de combat, la nouvelle doctrine gorbatchévienne imposée par les nouvelles circonstances politiques en URSS circonscrit désormais le champ de bataille à la seule bande frontalière germano-allemande.

Dorénavant la *NVA,* ainsi que les éléments de l'Armée soviétique stationnés en RDA, ont comme consignes, en cas d'une agression provenant de l'Ouest, de détruire le gros des forces de l'agresseur par une posture nettement défensive en utilisant en masse tous les moyens militaires à leur disposition.

Par cette nouvelle posture, la *NVA* et son allié soviétique doivent pouvoir brusquement infliger, par une contre-attaque décisive, des dégâts irrémédiables et des pertes telles qu'ils annihilent toute possibilité de progression voire de contrer l'attaque de l'OTAN, car il faut enlever à l'ennemi présumé toute possibilité de progresser voir de poursuivre le combat.

Mais la véritable révolution dans la pensée stratégique varsovienne, et par là même un bouleversement dans l'esprit de milliers d'officiers d'état-major du Pacte, conduit à admettre de ne plus porter le combat hors des frontières de la RDA et vers les pays de l'OTAN, mais uniquement de contenir et détruire l'ennemi dans sa propre zone tactique, sans chercher à obtenir des gains de territoires.

Nettoyage d'un canon de défense antiaérienne
lors d'un exercice maritime du pacte de Varsovie en 1971
Bundesarchiv, Bild 183-K1 104-001

Exercice maritime de la *Volksmarine* avec le pacte de Varsovie en 1974
Bundesarchiv, Bild 183-S 1007-005

DEUXIÈME PARTIE

La fin des illusions

GLASNOST ET PERESTROÏKA

> « La RDA, comme État socialiste et souverain, n'a pas besoin de *Glasnost* ni de *Perestroïka* car il n'y a pas d'encroûtement et de déficit comme en Union soviétique – grâce à la politique du *SED*. »
>
> Erich Honecker[1].

L'arrivée à la tête de l'Union soviétique de Mikhaïl Gorbatchev marque, pour l'Europe mais aussi pour la communauté internationale, le début de la période qui entre dans l'histoire sous le nom de *Perestroïka*[2]. Elle est à l'origine d'une politique qui aboutit en moins de sept ans, non seulement à la chute du Mur de Berlin et à la Réunification allemande mais également au démantèlement de l'ensemble du bloc communiste et à la fin de l'URSS.

Une des premières mesures prises par Gorbatchev dès son arrivée au pouvoir est la libéralisation partielle de la presse, plus connue sur le nom de *Glasnost*[3].

Sa vision de paix et des réformes démocratiques le met au premier plan des médias occidentaux. Le nouveau leader soviétique jouit à ce moment d'une grande popularité en URSS mais aussi en Europe, en tentant de réformer et de renouer le dialogue

1. *In* Jörg Schöhnbohm, *Zwei Armeen und ein Vaterland*, Siedler Verlag, 1992, p. 17.
2. *Perestroïka*, qui signifie reconstruction, restructuration est le nom donné aux réformes économiques et sociales menées par Mikhaïl Gorbatchev en URSS d'avril 1985 à décembre 1991.
3 *La Glasnost*, traditionnellement traduit par transparence, est une politique de liberté d'expression et de la publication d'informations qui s'amorça par l'accident nucléaire de Tchernobyl puis fut portée en URSS par Mikhaïl Gorbatchev à partir de 1986.

avec les Occidentaux. Son programme qui tend à instaurer un régime plus démocratique en URSS, en créant un parlement élu, a pour lui comme conséquence funeste de fragiliser sa politique et de livrer le pouvoir à des ennemis du système communiste.

Requiem pour les régimes communistes

La permissivité de l'ère gorbatchévienne, l'adoucissement des relations Est-Ouest, sont les déclencheurs de la vague de mouvements de contestations au sein des « démocraties populaires ». Tous justes trois ans après l'accession au pouvoir de Gorbatchev, les premières manifestations anti-communistes ont lieu un peu partout au sein des pays satellites qui sont brusquement confrontés à des velléités de démocratisation. Tout comme les Polonais, les citoyens de la RDA manifestent pacifiquement dans les rues dès l'automne 1989, pour faire part de leur mécontentement et de leurs critiques à l'égard des politiques menées par le *SED.*

Ces manifestations, qui deviennent célèbres dans le monde sous le nom de « Manifestations du lundi » (*Montagsdemonstrationen*)[1] ont d'abord lieu à Leipzig puis connaissent un succès foudroyant dans l'ensemble du pays. Au fil des jours, le nombre de participants ne cesse d'augmenter et les manifestations de s'étendre à d'autres villes de la RDA, au grand dam des dirigeants du *SED.*

Alors qu'en Chine populaire les manifestations de juin 1989[2] ayant été réprimées dans le sang par l'armée, on était en

1. Les manifestations du lundi sont un élément essentiel du tournant décisif imposé à leur gouvernement en automne 1989, par les citoyens opposés au régime communiste. Le slogan « *Wir sind das Volk !* » (Nous sommes le Peuple !) rassemblait, semaines après semaines, des centaines de milliers d'habitants en protestation contre la politique du gouvernement et contre le système en place.
2. Des manifestations se déroulèrent entre le 15 avril 1989 et le 4 juin 1989 sur la place *Tian'anmen* à Pékin. Elles se sont conclues par une vague de répression, parfois englobée sous l'expression de « massacre de la place *Tian'anmen* ». Elles prirent la forme d'un mouvement d'étudiants, d'intellectuels et d'ouvriers

Egon Krenz fut le dernier secrétaire général du Parti socialiste unifié d'Allemagne (*SED*) 1989-1990
Bundesarchiv, Bild 183-1984-0704-400

droit de craindre une réaction similaire de la part de la *NVA*. Les craintes d'une « solution chinoise » sont justifiées car sur ordre des dirigeants du *SED* on diligente comme observateur Egon Krenz[1], porte-parole de la Sécurité, pour se rendre en République populaire de Chine pendant les débuts des développements révolutionnaires afin d'étudier la faisabilité d'actions de répressions similaires en RDA.

La veille des célébrations du 40e anniversaire de la RDA[2], la *NVA* assure non seulement la partie protocolaire des défilés militaires mais aussi la sécurité des dirigeants du régime qui craignent d'éventuels débordements à leur égard. Dès les premiers soubresauts populaires, la *NVA* est immédiatement

chinois, qui dénonçaient la corruption et demandaient des réformes politiques et démocratiques. La contestation s'étendit à la plupart des grandes villes, comme Shanghai, et aboutit à Pékin à une série de grandes manifestations et de grèves de la faim organisées sur la place *Tian'anmen.* Après plusieurs tentatives de négociation, le gouvernement chinois instaura la loi martiale le 20 mai 1989 et fit intervenir l'armée le 4 juin 1989.

1. Selon les affirmations de Krenz, il aurait plaidé pour une réaction pacifique des forces de sécurité lors des manifestations du lundi.
2. Le 7 octobre 1989 a lieu l'habituelle cérémonie officielle pour le 40e anniversaire de la RDA au palais de la République (*Palast der Republik*) à laquelle le premier secrétaire et chef d'État Erich Honecker avait convié de nombreux chefs d'Etat et de gouvernement de pays alliés.

Heinz Kessler est ministre de la Défense nationale au sein du gouvernement de la RDA de 1985 à 1989
Bundesarchiv, Bild 183-1988-0704-410

mise en état d'alerte[1]. Sur une directive de Heinz Keßler[2], ministre de la Défense de l'époque, des unités militaires sont dépêchées auprès des éléments de la sécurité intérieure et de la police afin de les aider à éviter tout débordement de nature à nuire au déroulement des cérémonies de commémorations.

Plusieurs unités d'intervention de la *NVA* sont ainsi mises en place sur les sites à risque, comme les villes de Berlin et de Leipzig. Cet encadrement répressif fait craindre l'utilisation d'armes à feu par les forces de l'ordre. Ces craintes ne sont pas totalement infondées car les servants de mitrailleuses de la *NVA* postés aux points névralgiques des lieux de manifestations ont été avisés qu'en cas de désobéissance à l'ouverture de feu contre les manifestants, ils seraient eux-mêmes traduits

1. Du 4 octobre jusqu'au 11 novembre 1989, le *MfNV* entretenait environ 20 000 hommes en alerte. In *Im Dienste der Partei: Handbuch der bewaffneten Organe der DDR. Gebundene Ausgabe .23. November 1998. von Torsten Diedrich, Hans Ehlert, Rüdiger Wenzke*, p..513.
2. Heinz Keßler, était un général et homme politique est-allemand. De 1985 à 1989, il sera ministre de la Défense nationale au sein du gouvernement de la RDA. Il sera également membre du Bureau politique du Comité central du *SED* et député à la *Volkskammer*. Poursuivi après la Réunification pour son rôle dans les crimes commis par la dictature, il est condamné à sept ans et demie de prison. Il purgera sa peine et sera libéré en 1998.

devant un tribunal militaire[1]. Rappelons également que les officiers supérieurs disposaient de larges pouvoirs disciplinaires et pouvaient en cas d'insubordination faire usage de leur arme[2]. Malgré ce risque, des milliers de manifestants descendent néanmoins dans la rue en exigeant avec force des réformes démocratiques.

Devant cette démonstration de force, les festivités officielles ne se déroulent pas de la manière espérée et le régime réagit avec brutalité dans plusieurs villes de la RDA où les unités anti-émeutes rouent de coups et emprisonnent des centaines de manifestants qui continuaient de défier Honecker. Dans la nuit du 4 au 5 octobre 1989, la *NVA* intervient directement en soutien des forces de l'ordre à la Gare centrale de Dresde, mais à aucun moment les militaires n'utilisent leurs armes.

Le 7 octobre 1989, Gorbatchev profite d'un discours à l'occasion du quarantième anniversaire de la création de la RDA pour inviter les responsables politique de la RDA à s'inspirer de la *Perestroïka* comme modèle afin de réaliser les réformes dans leur pays. Ces propos sont peu appréciés par Honecker et l'ensemble des cadres du *SED*. Toutefois, comme le note Horst Sindemann, président de la Chambre du Peuple de la RDA[3] : « Nous tous, au Politbüro, n'avons pas compris à l'époque sa grande vision, mais nous avons dogmatiquement examiné, que ce qu'il préconisait était conciliable avec le marxisme-léninisme. Nous nous estimions plus intelligents et constations : la situation de classe est autre. »

1. *In* Roland Mey, *Der Schießbefehl am 9. Oktober 1989*, Osiris Online-Verlag, 2011.
2. *In* Matthias Fuch, *Die Auflösung der NVA und ihre Teilintegration in die Bundeswehr* /Seminar für Politische Wissenschaft/ Rheinische Friedrich-Wilhelms-Universität, Bonn, 2001.
3. *In Der Spiegel* 19/1991. *www.spiegelgruppe-nachdrucke.de*

Mini putsch au sein du *SED*

Depuis des jours plus de 100 000 manifestants exigent dans toute la RDA un renouveau démocratique en scandant les mots restés célèbres : « Nous sommes le Peuple » (*Wir sind das Volk*). Honecker sous-évaluant la situation, décide de remettre au pas les manifestants récalcitrants par la répression, fortement décidé à poursuivre et à défendre sa politique désastreuse pour les citoyens de la RDA. Devant la situation intenable à laquelle le *SED* est confronté, des membres du *Politbüro*[1] organisent un mini putsch afin de nommer son dauphin Egon Krenz au pouvoir. Désavoué par ses anciens camarades et par Moscou, Honecker sera obligé de signer une lettre de démission. Le 18 octobre 1989, date à laquelle Krenz lui succède à la tête du Comité central du *SED*, son départ est annoncé à toutes les administrations par la déclaration officielle suivante : « Pour des raisons de santé, le Comité central a accepté, à la demande d'Erich Honecker, de le démettre de ses fonctions de secrétaire général, de président du Conseil d'État ainsi que de président du Conseil national de défense de la RDA. »

Espérant que ce changement amène les dirigeants à des réformes et à une certaine ouverture démocratique, quelle n'est par l'amertume de la population est-allemande quand elle

1. Egon Krenz fut le dernier secrétaire général du *SED*. Russophone, il est diplômé de l'école du Parti communiste allemand à Moscou. Il devint numéro deux du régime communiste de la RDA à partir de 1984. Il se bâtit dans l'ombre d'Erich Honecker une réputation de dur. Jusqu'au 18 octobre 1989 il était chargé des questions de Sécurité intérieure et des cadres du parti. Malgré des liens d'amitié(s) personnelles avec Mikhaïl Gorbatchev, il gardera une ligne dure malgré quelques mesures pour faciliter les voyages à l'étranger des citoyens est-allemands. Le 30 octobre 1989, plus de 500 000 personnes réclament à Berlin-Est sa démission et demandent la création d'un mouvement indépendant sur le modèle du syndicat *Solidarność*. Le 25 août 1997, il sera condamné à six ans de prison pour meurtre, étant jugé responsable de la mort de quatre personnes abattues par les garde-frontières est-allemands en tentant de franchir le Mur de Berlin.

découvre que Krenz[1] détermine sa démarche politique par une stabilisation du régime et la poursuite de la politique menée jusqu'alors. Le 1er novembre 1989 il se rend à Moscou et confirme devant les élites soviétiques sans état d'âme le maintien de l'ancienne doctrine... mais déjà ses jours sont comptés.

Poursuivant sa politique de rapprochement avec l'Ouest et la démocratisation du communisme en Europe, Gorbatchev condamne les « démocraties populaires » en Europe[2].

La *NVA* au secours de l'économie planifiée

Afin de mieux appréhender une des causes les plus significatives de la dégradation du moral du soldat est-allemand à partir de 1985, il est essentiel de souligner le rôle dévolu à la *NVA* dans l'économie planifiée. L'implication de l'Armée dans le tissu industriel de la RDA est une des sources de la déliquescence de la *NVA* et le refus de travailler au bénéfice de l'économie nationale est l'une des plus importantes revendications contre le régime provenant des soldats grévistes de 1990.

Ulbricht a gravement échoué dans sa politique économique et dès les années 70 son successeur Erich Honecker désire apporter un semblant de bien-être social à la population est-allemande, conduisant à des actions spécifiques afin de façonner une « société de consommation socialiste ». Cette politique, par

1. Le 24 octobre 1989 il sera nommé président du Conseil d'État et du Conseil de la défense nationale de la RDA.
2. Démocratie populaire est un terme issu du lexique politique communiste pour distinguer les États communistes des démocraties libérales, que les communistes désignent plutôt sous le terme de « républiques bourgeoises » ou de « pays capitalistes ». Démocratie populaire a été utilisé pour qualifier les régimes dictatoriaux d'inspiration marxiste-léniniste, dans les pays d'Europe centrale et orientale libérés occupés par l'URSS, et composant l'ensemble connu sous le nom de Bloc de l'Est. Le terme a notamment été utilisé à but de propagande intérieure et extérieure par les États concernés. Le leader russe proposera même d'abroger le Pacte de Varsovie contre la dissolution de l'OTAN.

ses bienfaits supposés, doit assurer la loyauté de la population envers le régime. Pour se faire il faut que les usines et entreprises travaillent à plein régime ce qui est difficile à réaliser car la RDA manque cruellement de main-d'œuvre pour faire tourner correctement ses usines et ses entreprises.

Les dirigeants du *SED* décident alors d'engager les forces armées dans la croissance de la production industrielle de la RDA. Sous le prétexte de renforcer la confiance du peuple dans ses forces armées, et de démontrer le dynamisme de l'économie socialiste, le régime consolide les effectifs de certains conglomérats[1] par l'affectation de militaires et de réservistes[2]. Cette mission complémentaire, détournée par les dirigeants du *SED,* est de soutenir une économie délabrée au bord de l'asphyxie afin de maintenir l'illusion d'une économie compétitive. Puisant dans un vivier particulièrement discipliné et très bon marché, plusieurs dizaines de milliers de soldats de tout grade travaillent dès 1971 et jusqu'en 1990 au sein des usines est-allemandes moribondes.

Les soldats de la *NVA* servent ainsi aussi bien dans le bâtiment, dans l'industrie chimique[3], voire dans l'industrie cinématographique[4]! La revue officielle de l'armée reçoit l'ordre de rédiger régulièrement des articles panégyriques sur ces « ouvriers en uniforme ». Les chiffres sont assez révélateurs. Pour combler le manque de manutentionnaires ou de personnel, les effectifs de la *NVA* dévolus en 1989 à l'économie planifiée se montent à 16 000 hommes sur les 170 000 personnels de la *NVA,* répartis sur plusieurs sites industriels. Ce chiffre correspond à deux divisions blindées ou mieux encore dépasse celui des

1. Un conglomérat est un groupe constitué d'entreprises aux activités très différentes, ce qui permet de diversifier les risques : les pertes de certaines activités pourront être compensées par les profits d'autres activités. Une entreprise conglomérale possède des activités dans des domaines fort différents et non liés.
2. *BA-MA DVW 1/44536 ; MfNV – Chef Hauptstab* du 20.11.1989.
3. In *Pionniere der NVA,* p. 255-257 et 263-272.
4. Le 16.11.1984 plus de 28 000 hommes furent mis à disposition pour un film de propagande. Source : SAPMO/-B.Arch. DY 30 14/2/0.39/196 ZK du SED. Büro Krenz.

effectifs de la *Volksmarine* ! L'ampleur de ce phénomène prend toute sa signification en 1990 où ce ne sont pas moins de 50 000 hommes qui travaillent alors en faveur de l'industrie.

Cette « mobilisation forcée », en faveur de l'économie planifiée, est le véritable coup de grâce porté au moral des troupes au sein de la *NVA*. Le degré très élevé de mobilisation des organes de commandement et de la troupe exigé en cas de crise auquel s'ajoute l'incorporation de milliers de soldats dans les usines est en contradiction[1] flagrante avec la doctrine militaire.

Il faut préciser que les postes les plus exposés ou dangereux, tout particulièrement au sein de l'industrie chimique, sont dévolus aux militaires. Le fait d'œuvrer dans un environnement « civil » amènera également son lot d'indiscipline. Les doutes quant à la légitimité de cette mission, les conditions de travail déplorables associées à une crise idéologique touchent aussi bien la simple recrue, les sous-officiers et les officiers qui s'interrogent sur le bienfondé de leur mission.

Bien que le ministre de la Défense, Theodor Hoffman, soutienne sans condition la pérennité du système, il déplore quelques années plus tard qu'il y a bien eu un détournement manifeste des tâches, des missions et des structures de la *NVA* du fait de son soutien à l'économie nationale, tout en tentant de rester opérationnelle.

La Chute du Mur et ses conséquences

Confronté depuis des mois aux manifestations populaires, contre l'immobilisme du *SED*, c'est à la surprise générale que Günther Schabowski[2], le tout nouveau porte-parole du *Politbüro*, annonce au cours d'une conférence de presse une

1. *In* Protocole d'interview du *Generalmajor* Patzer au MGFA le 10.12.1999, p. 17. Matthias Rogg, *Armee des Volkes?: Militär und Gesellschaft in der DDR*,. Ch. Links Verlag, 2008, p. 497.
2. Günter Schabowski était un journaliste et homme politique allemand. Il a été membre du *Politbüro* du Comité central du Parti et sera nommé secrétaire du

information qui bouleverse tous les calculs politiques d'alors et dont les conséquences catastrophiques pour le régime surprennent tout le monde.

Interpellé par un journaliste l'interrogeant sur les possibilités pour les citoyens de la RDA de se rendre à l'Ouest et devant un parterre ébahi, Schabowski donne la réponse suivante retransmise le soir du 9 novembre 1989 en direct à la télévision et à la radio est-allemandes : « Les voyages vers l'étranger à titre personnel peuvent être entrepris sans conditions. Les autorisations seront données dans de brefs délais. Les services compétents de la *Volkspolizei* ont pour ordre d'accorder immédiatement les autorisations de quitter le territoire, sans que les conditions pour une sortie du pays soient remplies. (...) Les sorties permanentes du pays sont possibles à tous les points de passage de la RDA vers la RFA comme vers Berlin-Ouest. »

Dans les heures qui suivent, ce communiqué spectaculaire provoque la ruée de plusieurs dizaines de milliers de Berlinois de l'Est en direction du Mur de Berlin, et en une semaine ce sont plus de 9 millions d'Allemands de l'Est qui se rendent en visite à l'Ouest ! Eberhard Aurich fait partie de la classe dirigeante du régime, dernier chef de la *FDJ*, nous découvrons son vécu de la chute du Mur[1]:

> « La veille nous avions eu une réunion du Comité central du parti du *SED*. (...) A l'issue de la pause de midi nous avons présenté un projet sur la loi relative aux déplacements. (...) N'ayant pas eu le temps de modifier la loi, nous avons présenté une circulaire de voyage. Je dois avouer qu'à l'époque je n'avais pas trop saisi la portée de ce texte. (..) Je me suis couché à 21 h 30. C'est alors que mon voisin sonna à ma porte ? Il me questionna très alarmé ; mais que se passe-t-il à la frontière ? Je ne savais pas de quoi il parlait. Il était complètement effaré : il faut faire intervenir les troupes de combat ! J'ai aussitôt allumé

Comité central du *SED* pour l'Information. C'est dans ce poste qu'il fera son entrée dans l'Histoire.

1. *In "Ein Gespräch über die DDR- 25 Jahre Danach", Berliner Morgenpost.*

> le téléviseur et vu les images et je suis allé me recoucher. Que pouvais-je faire ? Qui appeler ? Je n'ai pas vu la nécessité de rester éveillé plus longtemps. »

Cette soudaine et massive affluence conduit de nombreux Allemands de l'Est comme de l'Ouest, armés de masses et de pioches, à s'attaquer au fondement du Mur de Berlin. Ces images font le tour du monde et restent gravées dans la mémoire collective européenne.

Mais toute la population est-allemande ne partage pas l'euphorie du moment. Une partie non négligeable des officiers et des sous-officiers de la *NVA*, membres du Parti, anciens des mouvements de jeunesses communistes, comme beaucoup d'autres citoyens est-allemands et leurs familles croient encore dans le socialisme et sont hermétiques aux messages d'ouverture de Gorbatchev. Ils sont pétrifiés par l'annonce de l'ouverture de la frontière commune avec la RFA, sans contrôle et sans condition, d'autant plus que pour beaucoup d'Allemands de l'Est l'autre Allemagne… c'est l'étranger !

> « J'étais choqué. Je pensais instantanément c'est un accident. Je pensais que le Mur serait rapidement fermé. (…) Et bien sûr, il y avait toujours la discussion sur la « liberté ». Mais qu'est-ce que c'est que cette liberté. Je veux dire la liberté de Voyage c'est bien beau, mais maintenant que je peux l'avoir je ne peux pas me rendre aussi simplement en Irlande, tout simplement parce que je n'ai pas d'argent pour cela. Cette liberté est une liberté que l'on doit pouvoir se permettre. Et de toutes les façons nous étions autorisés à voyager. Chacun pouvait se rendre une fois par an en Hongrie, ce n'était pas un problème du tout. »[1]

Médusés, les caciques du *Politbüro*, comme du haut commandement de la *NVA*, se trouvent dans l'incapacité totale de gérer cette nouvelle situation. Ce ne sera qu'au lendemain du 9 novembre que les dirigeants du régime s'agiteront pour tenter

1. *"Unterrichtsreihen: Der Mauerfall. Interview mit einem ehemaligen Soldaten der NVA"*, *Deutsche Welle.*

de trouver une solution à une situation qui leur échappe pour le moment et à laquelle même la *Stasi* ne s'attendait pas !

Les dirigeants politiques et les militaires sont convoqués à des réunions d'urgence. Heinz Kessler, ministre de la Défense d'alors et également membre du Bureau politique du Comité central du *SED*, réunit 15 des plus importants généraux de la *NVA* afin de sonder leurs intentions et connaitre leur opinion sur la faisabilité d'une intervention des troupes d'élites de la *NVA* à Berlin pour tenter de sauver le régime[1]. Kessler voit l'incompréhension se dessiner sur les visages de ses généraux et tente de ressaisir tout le monde. Pour Streletz, n° 2 de l'état-major général de la *NVA*, les déclarations inconsidérées du secrétaire d'État Schabowski auraient pu déclencher un bain de sang. En effet, les gardes-frontières n'ont pas été informés de la décision prise par celui-ci et avaient toujours pour consigne stricte de tirer sur quiconque tenterait de franchir la frontière par la force.

> « Une chose était claire pour moi : ce comportement irresponsable d'un dirigeant politique de la RDA, peu importe l'objectif poursuivi, a mené la RDA au bord de la guerre civile. C'est grâce à la seule posture prudente des membres politiquement conscients des troupes frontalières à Berlin et de la stricte application de l'ordre 11 / 89 – de la non utilisation des armes à feu par les organes armés – qu'une escalade des événements vers de graves incidents tragiques a été évitée. Un coup de feu à la frontière aurait déclenché une catastrophe et une réaction en chaîne. »
>
> Fritz Streletz, *Generaloberst* a.D. *der NVA*[2].

Heureusement que devant la masse imposante des citoyens est-allemands se présentant aux postes frontaliers, comparée aux effectifs restreints des gardes-frontières en place, il était vain de tenter de contenir une foule aussi nombreuse et pacifique. Dans

1. *In* Hein Kessler, *Der unbeirrbare Klassenkämpfer. Persönlichkeiten der deutschen Militärgeschichte. Loyal 5/2016.*
2. *In Fritz Streletz (Generaloberst a.D.) Redebeitrag zum Thema „Die Öffnung der Staatsgrenze der DDR zu Westberlin und zur BRD am 9.11.1989", Herbsttreffen der ehemaligen Angehörigen der GT der DDR am 23.10.2004* (Berlin).

Fritz Streletz, successeur d'Erich Honecker à la tête du secrétariat du Comité de la Défense nationale de 1971 à 1989 et commandant adjoint (*Stellvertreter*) du commandant en chef des forces du Pacte de Varsovie de 1979 jusqu'au 31 décembre 1989
Bundesarchiv, Bild 183-1982-0212-302

cette situation difficile, les troupes frontalières à Berlin attendent des instructions du *MfNV* qui ne viendront jamais.

Alors qu'insouciant et heureux le peuple est-allemand s'initie aux joies du mode de vie capitaliste, Egon Krenz tente de reprendre l'initiative en créant le 10 novembre 1989 un « groupe de commandement opérationnel ».

Sous les ordres du général Streletz, ce groupe se compose à égalité de trois membres de la *Stasi*, des troupes frontalières, du ministère de l'Intérieur ainsi que de membres du Comité central du Parti et du Conseil des ministres. Notons au passage qu'Egon Krenz est sous le coup d'une forte pression de la part des autorités soviétiques qui, tout aussi surprises, lui ordonnent de gérer cette crise au plus vite.[1] Néanmoins, ordre est donné par Gorbatchev aux unités soviétiques présentes en RDA de rester dans leur caserne l'arme au pied. En aucun cas elles de doivent intervenir dans une affaire que le Kremlin considère dès lors comme une question de la politique intérieure purement allemande !

1. *In Fritz Streletz (Generaloberst a.D.) Redebeitrag zum Thema „Die Öffnung der Staatsgrenze der DDR zu Westberlin und zur BRD am 9.11.1989", Herbsttreffen der ehemaligen Angehörigen der GT der DDR am 23.10.2004* (Berlin).

Pressé de toute part, Krenz prend l'initiative étonnante de mettre deux unités d'élite, la 1ère division d'infanterie motorisée et le régiment parachutiste n° 40, en alerte opérationnelle élevée. Cette mise en alerte est décrétée pour la « Défense de la souveraineté des frontières de la RDA et de la souveraineté de la RDA ». Cette décision montre l'anxiété et le trouble auquel se trouvent confrontés le *SED*. L'utilisation de ce niveau d'alerte montre aussi la fébrilité du dirigeant de la RDA. Ce niveau très élevé de mobilisation militaire n'a été mis en œuvre que quatre fois dans l'histoire de la RDA : en 1961 lors de la construction du Mur de Berlin, en 1962 lors de la crise de Cuba, en 1968 durant le mouvement contestataire en Tchécoslovaquie et, dernièrement aussi en 1980 lors de la crise polonaise.

C'est promptement et avec la discipline qui caractérise la *NVA*, que les ordres de préparation à une intervention militaire en armes sont transmis aux deux unités, avec néanmoins comme restriction absolue l'utilisation de blindés ou tout autre matériel de guerre lourd. Par conséquent, seuls des véhicules blindés légers sont autorisés et les soldats sont uniquement équipés de leur armement individuel. Loin de s'imaginer que des troupes de la *NVA* sont prêtes à être engagées militairement, une marée humaine de plusieurs centaines de milliers de citoyens est-allemands se rue pacifiquement à Berlin-Ouest pour faire des courses et s'approvisionner en produits exotiques. Autant la situation est apaisée du côté des civils autant elle est inquiétante du côté du commandement militaire. Impatient de s'assurer le soutien de ses généraux, Kessler prend contact avec le commandant en chef des forces terrestres de la *NVA* qui se montre peu amène à engager son armée contre le peuple.

Les citoyens est-allemands ont été plus rapides, cette liesse populaire et la publicité planétaire de l'évènement sont d'une telle ampleur que la majorité des généraux rejettent catégoriquement une quelconque intervention militaire. Devant l'inutilité d'un engagement militaire, la fin de l'état d'alerte est ordonnée le 11 novembre à 14 h 00 et le 17 novembre Kessler se retire des affaires et abandonne toutes ses fonctions politiques.

Mais en additionnant l'ensemble des organes armés, toutes institutions confondues, la RDA dispose encore après la chute du Mur d'un million d'hommes sous les armes ! L'anecdote nous amène à signaler que même les ministres et leurs suppléants ainsi que les membres du *Politbüro* ont le droit au port d'armes et détenaient un pistolet dans leur bureau.

À l'issue de cette révolution pacifique, la Chambre du Peuple de la RDA élit le 13 novembre 1989 Hans Modrow[1]au poste de secrétaire général du *SED*, en remplacement d'Egon Krenz. Le 18 novembre 1989, l'amiral Theodor Hoffmann est nommé nouveau ministre de la Défense et engage dès sa prise de fonction un certain nombre de réformes dont l'une a pour conséquence de dissocier définitivement la direction politique du *SED* de la direction militaire de la *NVA*. La création d'une commission pour la réforme militaire de la RDA, quant à elle, a pour but de traiter des affaires générales touchant au désarmement, aux alliances militaires et sur le rôle que la *NVA* est supposée jouer dans l'avenir.

> « Les évènements de l'automne 1989 n'affectèrent en rien l'ordinaire de la vie au sein de l'unité[2]. Comme à l'accoutumé dans l'armée, l'accent sera mis sur la discipline, l'ordre, la propreté et la formation. Tous les soldats continuèrent à faire leur devoir. L'accent était mis sur le haut niveau de formation. Au sein de l'unité, il n'y eut aucune émeute ou refus d'obéissance de la part des soldats. Les manifestations à Dresde et à Leipzig, que l'on suivait à la télévision, étaient loin. Il n'y avait aucune raison de s'inquiéter. Il y eut des rassemblements et des débats au sein de l'unité qui furent pilotés par la hiérarchie. Tout le monde se comportait calmement(...). Lorsque, le 9 novembre la frontière avec Berlin-Ouest fut ouverte, les soldats professionnels commencèrent à comprendre... rien ne serait plus comme avant. Dès lors les discussions rassemblaient des sous-officiers

1. Modrow est alors premier secrétaire du *SED* à Dresde. Communiste rénovateur, il est adepte de Gorbatchev et de sa *Perestroïka*.
2. La *Fla (Flugabwehr – défense anti aérienne) Abteilung* 4133.

> et des conscrits. Les premiers commencèrent à démissionner de l'organisation de jeunesse *FDJ*. Les conscrits visitèrent Berlin-Ouest, qui ne se trouvait qu'à 30 km de distance. La hiérarchie, endoctrinée par la politique, d'ordinaire si vive, restait silencieuse. Rien. Pas d'instructions. Du silence durant plus de 3 mois. Ni de la Brigade, ni d'autre part... En mars 1990, commencèrent les démissions du Parti. L'organisation de la *FDJ* n'existait plus. Nous avions des facilités pour le service, les conscrits pouvaient sortir, et le samedi nous n'étions plus de service. »

Le 28 novembre 1989, le chancelier de la RFA, Helmut Kohl[1], présente son Plan en dix points[2]. Le 1er décembre 1989, la mention du rôle particulier du *SED* au sein des Institutions est-allemandes est retirée de la Constitution, ce qui ouvrait ainsi la voie au pluralisme et aux élections libres.

Le 7 décembre 1989, Modrow constitue un gouvernement de coalition, avec comme vice-Premier ministre en charge des Questions religieuses Lothar de Maizière[3], nouveau dirigeant du *CDU* de l'Est et dès la mi-décembre 1989, des discussions

1. Lors de l'effondrement du gouvernement communiste d'Allemagne de l'Est en 1989, Helmut Kohl s'engage en faveur d'une rapide réunification de l'Allemagne au sein d'une alliance occidentale. Réélu chancelier en 1991, il doit faire face aux difficultés liées à la réunification, mais parvient à être reconduit dans ses fonctions en 1994. Cependant, la récession qui frappe l'Allemagne et accélère la remise en cause du modèle d'économie de marché « sociale », et l'inefficacité des mesures prises par le gouvernement pour enrayer la montée du chômage provoquent une forte baisse de sa popularité, y compris dans les *Länder* de l'Est qui lui étaient pourtant favorables en raison de son rôle dans la Réunification.
2. Le 28 novembre 1989, Helmut Kohl, chancelier de la République fédérale d'Allemagne, présente au *Bundestag* son plan en dix points devant conduire à la Réunification de l'Allemagne, qui prévoyait notamment des élections libres en RDA et la mise en place de structures confédératives pour la période transitoire précédant la Réunification In *Documents d'actualité internationale*, Paris, dir. de publ. Ministère des Affaires étrangères. 15.03.1990, n° 6, La Documentation française.
3. Chrétien engagé, Lothar de Maizière est élu le 10 novembre 1989 à la tête du *CDU* de l'Est, auquel il a adhéré à l'âge de 16 ans pour ne pas être contraint de rejoindre le *SED*. Il est alors l'un des rares avocats à Berlin-Est à défendre des prisonniers politiques, protégé par son statut de vice-président du Synode de l'Église est-allemande. Il sera, en mars 1990, le premier chef de gouvernement librement élu de la RDA.

régulières ont lieu avec les nouveaux groupes d'opposition, les mouvements civiques et les Églises au sein d'une « Table ronde. »[1] Martin K., incorporés dans la *NVA* en 1988, est fils d'un membre de l'opposition au Régime[2] et se trouvait en détention lors de la chute du Mur… dont il est informé bien plus tard !

> « Nous étions une vingtaine de détenus dans une cellule prévue pour deux personnes. D'octobre à décembre. Il y avait une interdiction de contact vers l'extérieur. Nous ne savions rien. Ainsi je n'ai rien su de la chute du Mur. À l'époque j'avais 19 ans. (…) j'étais dans la *NVA*, en octobre 1988 j'ai été incorporé. Je ne voulais pas, mais je n'avais pas trop le choix. Ce n'est qu'après avoir fait mon service dans la *NVA* que j'aurais pu débuter mes études de musique. Je m'étais dit à l'époque : je fais cette année et demie, je vais bien y arriver. (…) Le 7 octobre avaient eu lieu les grandes commémorations pour le 40e anniversaire de la RDA, où des manifestations bruyantes avaient lieu aux abords. Dans la nuit du 8 octobre, on m'a tiré du lit dans la caserne et mis en détention, avec d'autres jeunes hommes. Nous ne savions rien – il n'y a pas eu de mandat d'arrêt, pas d'audition. Nous avons été en garde à vue durant presque trois mois. Il semble que « les personnes considérées comme des éléments dangereux ont été filtrées. Durant ces journées nous n'entendions que le bruit des blindés et des soldats qui s'entrainaient avec matraques et boucliers. Weissenfels (ville de détention) avait Leipzig dans son ressort de responsabilité, c'est là qu'ont eu lieu les grandes manifestations. (…) Juste avant Noël,

---

1. Cette Table ronde, qui se décline localement en autant de forums de discussions, est une vaste "*catharsis*" et la première expérience démocratique du Peuple est-allemand, qui peut enfin exprimer ses opinions et revendications. Pendant trois mois, les discussions de la Table ronde, retransmises à la radio, sont suivis avec assiduité par les Allemands de l'Est. Certains intellectuels des mouvements civiques y développent l'idée d'une "troisième voie" entre socialisme et capitalisme, en faveur du maintien d'un État est-allemand qui serait "neutre". Cette position idéaliste sera battue en brèche par les faits : l'effondrement de la RDA, le flot migratoire vers l'Ouest et l'aspiration à l'unité de la majorité des Allemands de l'Est. Jusqu'au 12 Avril 1990, un gouvernement « de la responsabilité nationale » émergera qui se verra remplacé par un gouvernement de Maizière qui se chargera de mener les négociations gouvernementales et d'adhésion jusqu'à la Réunification.
2. Interview *"Ein Gespräch über die DDR – 25 Jahre danach", Berliner Morgenpost.*

le 19 ou 20 décembre., le mot d'ordre était : *NVA* dans l'économie populaire ! Partout Il manquait du monde, qui ne se présentait plus au travail car ils se trouvaient tout d'un coup à l'Ouest. Nous devions les remplacer. Nous avons aussitôt quitté la détention et furent embarqués dans des poids-lourds. J'arrivais dans l'usine de cigarette F6 à Halle et devais travailler à la chaine. Le peu d'ouvriers encore présents, me révèlent durant le déjeuner : Il n'y a plus de Mur, depuis un mois déjà ».

La révolte des sans grades

Désormais la mise en place d'une nouvelle organisation militaire au sein du ministère de la Défense nationale, suivant les critères d'un État démocratique, demande la prise en compte de nouveaux paradigmes occidentaux contraires aux enseignements suivis et aux valeurs inculquées durant plusieurs décennies de formations communistes. Concernant la *NVA*, le gouvernement Modrow[1] se lance dans des changements notoires tels le contrôle parlementaire direct de la *NVA* par la *Volkskammer*, la suppression des tribunaux militaires ainsi que la suppression de la *V-2000*[2].

---

1. Le cabinet Modrow était le gouvernement de la République démocratique allemande du 13 novembre 1989 au 12 avril 1990. Dirigé par le ministre-président socialiste Hans Modrow, membre du courant réformateur, il était initialement soutenu par le Front national, constitué du Parti socialiste unifié d'Allemagne *(SED)*, l'Union chrétienne-démocrate (*CDU*), le Parti libéral-démocrate d'Allemagne (*LDPD*), le Parti national-démocrate d'Allemagne (*NDPD*) et le Parti paysan démocratique d'Allemagne (*DBD*). Succédant au dernier cabinet dans les jours qui suivent la chute du Mur de Berlin, le cabinet Modrow est l'avant-dernier gouvernement de la RDA et le dernier dominé par les communistes du *SED*. À compter du 5 février 1990, il devient le premier gouvernement réellement multipartite du pays avec la nomination de huit ministres sans portefeuille représentant autant de partis et mouvement d'opposition. Le 18 mars, les premières et dernières élections libres de la RDA sont largement remportées par l'Union chrétienne-démocrate et, le 12 avril, le cabinet Modrow laisse la place au cabinet de Maizière, dernier gouvernement de la RDA avant la Réunification allemande
2. Le ministère de la Sécurité d'État (*Ministerium für Staatssicherheit, MfS*), dit la *Stasi* (abréviation de *Staatssicherheit)*, était le service de police politique, de renseignements, d'espionnage et de contre-espionnage de la République

Révolte des soldats du contingent de la *NVA* en janvier 1990.
Bundesarchiv, Bild 183-1990-0112-305

Ces transformations suscitent l'inquiétude et heurtent la sensibilité de nombreux cadres de la *NVA*. Elles ont pour effet immédiat de faire naître l'hostilité sourde des apparatchiks du *MfNV* attachés à leurs prérogatives ; ainsi que celle d'une bonne partie du corps des officiers généraux qui tentent de ralentir le processus de réforme. Par voie de conséquence, les réformes attendues par la troupe mettent du temps à s'accomplir. Ces

---

démocratique allemande créé le 8 février 1950. Sous tutelle du gouvernement de la RDA, la *Stasi* était désignée comme « le glaive et le bouclier du parti » (« *Schild und Schwert der Partei* ») par la propagande du régime. Entre 1950 et 1989, la *Stasi* comptait dix-sept prisons préventives où étaient internés les détenus. Au moment de sa dissolution, elle comptait environ 91 000 agents officiels et 175 000 informateurs, soit 1 % de la population est-allemande. La *Stasi* comportait donc 266 000 agents et constituait une surveillance très présente et très efficace mais certains services et certains employés étaient chargés de tâches sans rapport avec la surveillance.

tergiversations sont directement à l'origine de grèves au sein des casernes de la *NVA*, une révolution dans l'histoire du Pacte de Varsovie. La première et la plus connue a lieu le 1er janvier 1990 dans la garnison de Beelits[1].

Confronté à une véritable fronde militaire, devant laquelle il se trouve totalement démuni, Hoffmann n'a pas d'autre choix que de se rendre personnellement sur place. À l'issue des entretiens qu'il conduit avec les soldats grévistes, il ordonne en toute urgence la mise en place immédiate des réformes afin d'éviter une contagion à d'autres unités de la *NVA*. Mais les mesures arrivent trop tard et d'autres grèves voient le jour dans diverses garnisons est-allemandes. Toutefois, grâce à la célérité d'Hoffmann, la majorité des revendications[2] et les améliorations réclamées par les conscrits sont diligemment satisfaites. Une enquête réalisée au même moment au sein de la *NVA* révèle que 76 % des soldats, 72 % des sous-officiers et 62 % des officiers sont déjà convaincus que la Réunification allait avoir lieu[3].

Avait-on alors encore besoin de réformes dans une armée vouée à disparaitre ? On peut répondre à cette interrogation par l'affirmative. L'engagement pris par le Haut Commandement

---

1. Au sein d'une des unités d'élite de la *NVA* à Beelitz, quelques soldats avaient demandé à leurs supérieurs d'être autorisés à trinquer avec un verre de mousseux au Nouvel An. Devant un refus catégorique, les soldats commencèrent à se révolter contre les conditions dans lesquelles ils devaient subir l'autorité militaire. Après avoir dressé une liste de revendications, qui a été effectivement destiné aux supérieurs, un appel à la grève fut lancé et suivi. Et l'étincelle de Beelitz pris soudainement de l'importance et partout : à Rostock, à Schwerin et Erfurt, à Cottbus, Basepohl, Neuseddin, Saßnitz et Warin les soldats refusèrent d'obéir. Considéré comme une « mutinerie » les soldats encouraient en vertu de l'article 259 de la procédure de justice militaire de *NVA* d'un emprisonnement pouvant aller jusqu'à huit ans. Mais aucune suite ne fut donnée à cette révolte pacifique.
2. Regarder la télévision ouest-allemande (*sic*), conquérir la réduction du temps de service militaire, la possibilité de faire un service civique, d'obtenir des affectations proches du lieu de résidence, d'avoir une semaine de 5 jours, obtenir une augmentation de la solde, une représentation professionnelle, la suppression des périodes obligatoires de travaux en faveur de l'industrie et de l'agriculture.
3. In Hoffmann, *Das Letzte Kommando*, p. 113.

militaire de la *NVA* d'apporter des réponses, puis de satisfaire aux doléances légitimes des conscrits, a permis dans un premier temps à préparer le terrain à une solution pacifique et sans incident, tout en apaisant les esprits. Le dévouement de milliers d'officiers, de sous-officiers dans cette voie de la réforme et leur rigueur toute militaire ont permis d'éviter le chaos. Un effondrement, voire une révolte de l'armée auraient pu conduire à une catastrophe aux conséquences incalculables.

Jusqu'alors la *NVA* a pour l'OTAN la réputation d'être une armée redoutable et disciplinée. Mais, signe des temps, à la suite des évolutions politiques en URSS et au lendemain de la chute du Mur de Berlin, de plus en plus de jeunes est-allemands ne répondent plus aux convocations d'incorporation, fait très caractéristique lorsque l'on sait que les sanctions pour désertion sont très lourdes et que celle-ci est punie d'emprisonnement. Cette situation a comme répercussion notable une baisse significative des effectifs de la *NVA* qui passe de 137 000 à moins de 90 000 hommes, toutes armées confondues en quelques mois.

Le régime de la RDA autorise la création d'une presse militaire dont les magazines les plus connus seront *Volksarmee* et *Armee Rundschau*. Le but est clair : utiliser un magazine, c'est augmenter les chances que les messages politiques du régime soient bien accueillis. On peut croire que cette presse spécialisée ne reçoit qu'un accueil mitigé mais selon un sondage réalisé durant les années 80, les magazines militaires font partie des médias les plus appréciés, non seulement au sein des armées, mais aussi par une frange non moins importante de la population est-allemande.

Cette presse de propagande pro-gouvernementale a elle aussi commencé, dès la fin des années 1980, à ressentir le souffle du changement. Dans un rapport de la *Stasi,* en date du 3 novembre 1989, il est indiqué que la rédaction du magazine *Volksarmee* s'est réunie pour discuter sur l'éventuelle participation à une des manifestations de masse en parlant de contribution à la liberté de presse (*sic* !) pour les publications de la *NVA*. Le rapport note que la majorité des membres de la rédaction s'oppose à cette participation mais partage le postulat d'une certaine liberté de presse au sein de la *NVA*[1].

Les évènements se précipitent

> « Je n'étais surement pas un opposant ou un critique du régime, mais j'observais le régime de la RDA avec un œil très critique au plus tard dans sa dernière phase (...) Lors d'une visite de plusieurs jours auprès de la flotte à Göteborg, en Suède, je me rendis compte, qu'ici fonctionnait parfaitement un système social et sociétal. C'est exactement ainsi que nous nous imaginions le socialisme en RDA ».
>
> Hendrik Born a été le plus jeune vice-amiral et dernier chef de la *Volksmarine* de la RDA.

Le 15 février 1990 tous les organes politiques au sein des forces de la *NVA* sont supprimés. A l'issue des premières élections libres du 18 mars 1990[2] en RDA qui voient la victoire de l'Alliance pour l'Allemagne (*Allianz für Deutschland*)[3] la

1. Archives *BstU/MfS/ HA 1 n° 13335* : rapport sur le moral : oct. nov. 1989 du 3.11.1989.
2. Le 18 mars 1990, pour la première fois depuis quarante ans, les citoyens de la RDA pouvaient voter librement. La *CDU* et le Renouveau démocratique (*DA*) recueilleront 41,7 % des voix, le *SPD* en obtiendra 21,9 %, l'Union sociale allemande, 6,3 % et les libéraux, 5,9 % tandis que le *SED* – jusqu'alors toute puissante et qui s'était rebaptisé « Parti du socialisme démocratique (*PDS*) » – obtient 16,4 % des voix. C'est un vote pour une réunification accélérée. Lothar de Maizière prendra la tête d'une coalition se composant du *CDU*, de la *DSU*, de la *DA*, du *SPD* et du *FDP*. Le gouvernement Kohl conviendra avec lui d'un échéancier pour une Union économique, monétaire et sociale au 1er juillet 1990. Il n'y aura désormais plus aucune base économique à la poursuite d'une RDA indépendante en tant qu'État.
3. L'Alliance pour l'Allemagne était une coalition de partis conservateurs créée le 5 février 1990 à Berlin-Ouest en vue de participer aux premières, et dernières, élections libres en République démocratique allemande qu'elle remporta finalement en obtenant 48,2 % des suffrages et 192 des 400 sièges de la Chambre du Peuple. Cette coalition regroupait les trois partis conservateurs est-allemands inféodés de force dès 1945 au « Front national de la RDA », dominé par le Parti socialiste unifié (*SED*) et qui avait repris leur indépendance par la chute du Mur de Berlin en 1989 : l'Union chrétienne-démocrate d'Allemagne (*CDU*), l'Union

Rainer Eppelmann sera, en 1990, le dernier ministre du Désarmement et de la Défense au sein du gouvernement de la RDA, *Bundesarchiv, Bild. 183-1990-0422-015*

Volkskammer[1] est favorable à la réunification. Le *MfNV* est renommé ministère pour le Désarmement et la Défense de la RDA (*Ministerium für Abrüstung und Verteidigung der DDR* ou

sociale allemande (*DSU*) et le Renouveau démocratique (*DA*). Le Parti allemand du forum (*DFP*) fut également invité à rejoindre la coalition, mais déclina l'offre. Lothar de Maizière, issu des rangs du *CDU*, dirigea alors le premier gouvernement démocratiquement élu d'Allemagne de l'Est soutenu par la coalition qui mena à bien le processus de réunification allemande. Après cette date, l'« Alliance pour l'Allemagne » fut dissoute, les partis la constituant fusionnant avec les différents partis conservateurs de l'ancienne Allemagne de l'Ouest.

1. La *Volkskammer* était le parlement de l'ancienne République démocratique allemande. Son rôle dans le système politique de l'Allemagne de l'Est était cependant très limité. Dès les premières élections en 1950, le scrutin se faisait sur une liste unique (le « front national » qui regroupait les différents partis politiques) et n'était en pratique pas secret (il y avait des isoloirs mais les utiliser ou rayer un nom d'une liste était mal perçu). Malgré ces conditions, les élections étaient parfois truquées pour augmenter le score affiché (généralement autour de 98-99 %).
Le 18 mars 1990, les dernières élections à la Chambre du Peuple se déroulent pour la première fois avec des listes multiples et conduisent à une victoire inattendue du *CDU*, portée par son association avec le parti ouest-allemand correspondant et la promesse d'une réunification rapide. De 1976 à 1990, la Chambre de Peuple siégeait au palais de la République (*Palast der Republik*) à Berlin-Est, bâtiment depuis démoli.

Theodor Hoffmann dirige, de 1987 à 1989, la *Volksmarine* et de 1989 à 1990, est ministre de la Défense nationale au sein du gouvernement de la RDA durant la grève des soldats
Bundesarchiv, Bild

MfAuV)[1]. Pour la première fois dans son histoire, le ministère a à sa tête un civil, prêtre de surcroît.

Rainer Eppelmann[2] prend ses fonctions à la tête des armées le 18 avril 1990 et désigne six jours plus tard l'*Admiral* Theodor Hoffmann au poste, nouvellement créé, de commandant de la *NVA*. Deux jours après, la *Volkskammer* de la RDA notifie à tous les membres de la *NVA* qu'ils devront prêter dorénavant un serment modifié. Le 20 juillet 1990, date anniversaire de l'attentat contre Hitler[3], les dernières recrues de la *NVA* récitent la nouvelle formule qui exclue la défense du socialisme. Ceux qui refusent de le prononcer sont passibles d'un renvoi immédiat, mais pour éviter que trop de personnels qualifiés

1. Ministère du Désarmement et de la Défense.
2. Rainer Eppelmann, était un homme politique est-allemand puis allemand. En 1990, il est le ministre du Désarmement et de la Défense au sein du gouvernement de la RDA, durant la période de transition qui suit la chute du Mur de Berlin et précède la Réunification allemande.
3. Le 20 juillet 1944, Hitler échappe à un attentat à la bombe qui devait le tuer tandis qu'il examinait des cartes avec ses généraux au Grand Quartier général de Rastenburg, en Prusse orientale, dans son repaire dit la Tanière du Loup (*Wolfsschanze*). De son nom de code « *Walkyrie* », cet attentat est le deuxième auquel échappe le dictateur après celui du menuisier Georg Elser, à Munich, en 1939… En fait d'attentat, il s'agit plutôt d'une tentative de coup d'État par une coalition d'opposants au régime.

profitent de cette opportunité pour quitter prématurément le service militaire actif, les autorités est-allemandes jugent utiles de n'autoriser les démissions qu'à compter de la fin décembre 1990.

Chronologie d'une mort annoncée

Le sort de la *NVA*, inconditionnellement liée à celui de la RDA, est rapidement scellé dans les esprits comme dans les faits. Quelques semaines après avoir pris ses fonctions, Rainer Eppelmann rencontre son homologue de la République fédérale d'Allemagne, Gerhard Stoltenberg[1], pour la première fois le 27 avril 1990 dans un hôtel à Cologne afin d'être en terrain neutre ; puis le 28 mai 1990 à Strausberg[2]. Ces premières rencontres doivent servir à établir une directive-cadre sur les contacts que devaient entretenir les deux armées et dès le premier entretien la question sur l'avenir de la *NVA* dans une Allemagne réunifiée se pose.

Une des solutions préconisées par Eppelmann consiste à proposer une « coexistence momentanée » des deux armées. « Concernant la *NVA* (...) Je suis persuadé qu'elle perdurera tant que subsisteront en Europe deux alliances militaires, l'OTAN et le Pacte de Varsovie »[3].

1. Gerhard Stoltenberg était un homme politique allemand, membre de l'Union chrétienne-démocrate d'Allemagne (*CDU*). En 1982, à la suite de l'arrivée au pouvoir d'Helmut Kohl, ministre fédéral de la Défense lors d'un remaniement ministériel en 1989.
2. Strausberg se trouve à 33 km à l'est du centre de Berlin. Elle fait partie de la région métropolitaine de Berlin-Brandebourg. Vieille ville de garnison, elle devient en 1954, quartier général de la police populaire. En 1956 elle devient, avec la fondation de l'Armée populaire nationale (*NVA*), siège du ministère de la Défense nationale. En 1957 Strausberg devint siège du commandement de l'Armée de l'Air et de la Défense aérienne. Dans cette caserne se trouvait également le régiment de la Garde Hugo Eberlein. Dès 1990 a commencé le déploiement d'unités de la *Bundeswehr.*
3. Lors de la conférence des chefs de corps (*Kommandeurstagung*) le 2 mai 1990.

Cette proposition est tout bonnement rejetée par Stoltenberg pour lequel il ne peut exister qu'une seule armée allemande[1]. Stoltenberg caractérise sa pensée par la formule lapidaire : « Un État, une armée ». Plusieurs raisons sont invoquées pour justifier ce refus. D'abord l'incompatibilité d'intégrer la totalité des membres de la *NVA* au sein de la *Bundeswehr,* avec sa culture militariste propre, son autoritarisme prussien caractéristique et surtout le fait d'avoir servi un régime autoritaire, tout cela est contraire aux idéaux de la *Bundeswehr*.

Eppelmann évoque également l'intérêt porté par les autres pays de l'OTAN et ceux partenaires du Pacte de Varsovie inquiets quant au rapprochement entre les deux armées allemandes : « Nous sommes conscients qu'un processus a été lancé, qui n'affectera pas seulement nous, les Allemands. La coopération germano-allemande dans le domaine militaire doit pour cela être traitée avec le souci de prendre en compte les intérêts de sécurité des États des deux alliances. »

Après ce premier contact entre les deux ministres allemands, l'histoire s'accélère. Le 16 juillet 1990, et après deux jours de pourparlers à Moscou et dans le Caucase entre Mikhaïl Gorbatchev et Helmut Kohl, les deux dirigeants conviennent de la pleine souveraineté de la future Allemagne unie et du libre choix de son alliance militaire[2]. Pour sa réalisation, l'Allemagne s'engage à réduire les effectifs de la *Bundeswehr* à hauteur de 370 000 hommes. Ainsi est fixée l'adhésion à l'OTAN de la future Allemagne réunifiée en accord avec le pouvoir sovié-

1. Présenté lors de la *Kommandeurstagung* de la *Bundeswehr* le 13 juin 1990. *In* Jörg Schöhnbohm, *Zwei Armeen und ein Vaterland*, Siedler Verlag, 1992, p. 26 et 27.
2. Michaïl Gorbatchev accepte effectivement l'idée que l'Allemagne unifiée soit 100 % souveraine, ce qui implique qu'elle peut choisir d'appartenir à l'alliance militaire de son choix. En échange de cet accord, l'Allemagne s'engage notamment à renoncer aux armes ABC, A pour atomiques, B pour bactériologiques, C pour chimiques. A l'issue des discussions, les deux dirigeants donnent une conférence de presse commune, retransmise en direct par les télévisions russe et allemande. Conférence au cours de laquelle Helmut Kohl souligne l'importance historique de ces entretiens caucasiens

tique sous réserve du non déploiement de troupes américaines dans l'Allemagne de l'Est.

En conséquence, le 23 août 1990, les autorités est-allemandes ordonnent à l'ensemble des unités de combat de la *NVA* de retirer toutes les munitions embarquées dans les véhicules de combat, les bâtiments de la marine, pièces d'artillerie en tout genre, avions de chasse et de bombardement. Cinq jours plus tard, une unité de précurseurs de la *Bundeswehr* s'installe comme groupe de liaison au sein du ministère du Désarmement et de la Défense de la RDA afin de préparer la dissolution de la *NVA*.

Le 31 août 1990 est signé le traité d'unification[1], qui scelle entre autres non seulement la fin de la RDA mais définitivement le sort de la *NVA* en intégrant dans ses articles les conditions de la prise de contrôle et l'intégration momentanée de tous les soldats actifs de *l'ex-NVA* dans la *Bundeswehr*.

Une difficile intégration

Afin de faciliter, préparer, former et familiariser les nouveaux venus à la culture militaire ouest-allemande, toutes les nouvelles recrues de la *NVA* sont entrainées dès le 1er septembre 1990 selon le règlement et les standards en vigueur au sein de la *Bundeswehr*. Pour 280 officiers de l'armée de l'Air de la *NVA*

---

1. L'*Einigungsvertrag* signé entre la République fédérale d'Allemagne et la République démocratique allemande établit les grands principes de mise en place de la réunification des deux États, l'adhésion à la RFA de la RDA et l'unité allemande. En 1990, le traité entre les deux États allemands est négocié à la suite de la chute du Mur. Le texte a été approuvé le 20 septembre 1990 par la Chambre du Peuple de la RDA (299 votes en faveur, 80 contre, une abstention). Le même jour, le *Bundestag* (Diète fédérale de la RFA) approuve le traité (442 voix pour, 47 contre, 3 abstentions). Le prérequis pour l'entrée en vigueur en vertu du droit international du traité d'unification a été la conclusion du traité portant règlement définitif concernant l'Allemagne dit « Traité deux plus quatre », dans lequel les quatre puissances ont renoncé à leurs droits sur le territoire allemand.

débute une formation en vue de les préparer à leur nouvelle fonction d'officier dans une armée de l'OTAN[1].

Les cadres de la *NVA* volontaires et désireux de continuer à servir sous l'uniforme de la *Bundeswehr* ont la possibilité de souscrire un contrat d'engagement d'une durée de deux ans susceptibles d'être renouvelé, à l'issue des contrôles de sécurité sur les antécédents politiques de l'intéressé et de sa capacité à pouvoir travailler dans ce nouvel environnement militaire.

Le 12 septembre 1990 est signé le traité de Moscou, entre les représentants de l'Allemagne de l'Ouest, de l'Allemagne de l'Est, de la France, des États-Unis, du Royaume-Uni et de l'URSS. La Réunification est donc le fruit de l'accord passé entre le gouvernement allemand dans le contrat 4 + 2 avec les vainqueurs de la Seconde Guerre mondiale[2]. Une semaine et demie plus tard, Eppelmann signe, avec le général d'armée Piotr Louchev[3], commandant en chef des Forces armées unies, le protocole entérinant le retrait définitif des troupes de la RDA du Pacte de Varsovie.

Eppelmann a toujours laissé subsister un doute quant à une possible intégration de certains généraux de la *NVA*

1. Jusqu'en 1992 plus de 10 000 soldats auront suivi une formation de « rééducation démocratique », malheureusement inadapté et ne répondant pas vraiment au contexte social spécifique des anciens soldats de la *NVA*. *In* Matthias Fuchs, *Die Auflösung der NVA und ihre Teilintegration in die Bundeswehr / Seminar für Politische Wissenschaft*, Rheinische Friedrich-Wilhelms-Universität Bonn. 2001.
2. Son nom officiel est « Traité portant règlement définitif concernant l'Allemagne » également appelé Traité quatre plus deux ou Traité deux plus quatre, Très court, ce traité, qui se compose d'un préambule et de dix articles, fixe avec précision le statut international de l'Allemagne unie au cœur de l'Europe, avec le consensus tacite de tous ses voisins. Le traité réglemente de nombreuses questions liées aux Affaires étrangères des deux États allemands, telles que le tracé des frontières extérieures, les appartenances aux alliances, et les forces militaires. Avec ce traité, l'Allemagne retrouve sa souveraineté pleine et entière. Elle redevient un État comme les autres.
3. Pyotr Georgievich Luschew était commandant suprême de 1985 à 1986 du Groupe des forces soviétiques en Allemagne. Dernier commandant en chef du Pacte de Varsovie en septembre 1990, il a scellé la sortie de l'Armée populaire nationale (*NVA*) de la RDA dans cette alliance militaire.

dans la *Bundeswehr*[1]. Loin d'être dupe, l'amiral Hoffmann remet sa demande de mise à la retraite le 15 septembre 1990. Il est remplacé pour une courte durée par le *Generalmajor* Lothar Engelhardt, qui est en fait le dernier commandant de la *NVA*.

Le 28 septembre le décret ministériel n° 43/90 licencie, par leur mise à la retraite anticipée, l'ensemble des généraux de la *NVA*. On ne sait pas si c'est par naïveté réelle ou supposée ou par simple calcul politique qu'Eppelmann a maintenu le concept de coexistence de deux armées et l'éventuel recrutement de généraux jusqu'en septembre 1990.

Ce manque d'honnêteté lui sera vivement reproché plus tard. Ce décret signe non seulement la fin de l'élite militaire est-allemande mais l'écroulement même du commandement militaire est-allemand dans son ensemble[2]. Le corps des officiers généraux de la *NVA* se trouve ainsi dans une situation absolument unique dans l'histoire militaire : en toute discrétion ils ont perdu leurs armées, sans avoir tiré un seul coup de feu, livré une seule bataille en abandonnant leurs régiments et leurs véhicules.

« En fait, j'étais plus un liquidateur que le chef d'une flotte. (...) Les conditions (d'exercice) étaient en partie chaotiques. La *Volksmarine* était dans une sorte de lévitation entre un gouvernement du *SED* frappé d'incapacité, d'une population rebelle et d'une imminente et évidente réunification. Pour mon personnel et moi c'était une situation extrêmement difficile » résume Hendrik Born, le plus jeune vice-amiral et dernier chef de la *Volksmarine* de la RDA en 1989.

---

1. Médecin, Eberhard Beyer sera le seul général autorisé à servir dans la *Bundeswehr* au sein du service de santé au grade de colonel.
2. Schönbohm, *op. cit.*, p. 34.

Le général de la Réunification

Pour accomplir un projet d'ampleur pharaonique, comme la dissolution de la *NVA,* il faut requérir un officier de talent, en mesure de pouvoir réaliser l'impossible. Pour mener à bien cette mission très sensible, le ministre de la Défense fédérale a porté son choix sur un officier général de la *Bundeswehr* à la carrière exemplaire, qui durant de nombreuses années a fait preuve des plus belles qualités dans ses nombreuses affectations et a su obtenir la confiance politique du gouvernement.

Ce sacerdoce est dévolu à Jörg Schönbohm, un officier général, qui plus est natif du Brandebourg, une région de l'Est de l'Allemagne dont il a dû fuir en 1945 devant l'arrivée des troupes soviétiques. Après que sa famille eut pu s'installer et qu'il eut terminé ses études, il s'engagea comme élève-officier dans la *Bundeswehr* nouvellement créée et choisit de servir dans l'artillerie.

S'ensuit alors le parcours typique de tout officier de corps de troupe de la *Bundeswehr*. Apprécié de ses supérieurs, il gravit rapidement les échelons de la hiérarchie militaire. Parmi ses nombreuses affectations, il rejoint le siège des forces alliées de l'OTAN à Brunssum[1] comme officier d'état-major. Trois ans après, il effectue son temps de commandement au sein d'un bataillon d'artillerie blindée à Lüneburg puis est muté dans la capitale fédérale à Bonn et occupe la fonction de conseiller au sein du Département du personnel du ministère fédéral de la Défense. En 1979 il est nommé chef de division à l'état-major interarmées des forces armées.

Appréciant son professionnalisme, le ministre fédéral de la Défense de l'époque Manfred Wörner[2] l'attache à son service comme aide de camp. Nommé *Brigadegeneral* en 1983, il prend le comman-

1. Brunssum est l'*Allied Joint Force Command* au Pays-Bas.
2. Manfred Wörner était un homme politique allemand. Après avoir présidé, de 1976 à 1980, la commission de la Défense du *Bundestag,* il a été, de 1982 à 1988, le premier à occuper le poste de ministre fédéral de la Défense dans la coalition noire-jaune d'Helmut Kohl. Il est ensuite devenu secrétaire général de l'Organisation du traité de l'Atlantique Nord jusqu'à sa mort.

dement de la 21e brigade blindée et à l'issue de cette affectation il revient à Bonn où il sert en 1985 au poste stratégique de directeur adjoint planification du ministère fédéral de la Défense. Alors que son mentor devient secrétaire général de l'OTAN, Schönbohm se voit proposer le commandement de la 3e division blindée. Nommé *Generalleutnant*[1] le 5 Janvier 1989, il revient au ministère fédéral de la Défense au poste de directeur de l'état-major planification.

S'appuyant sur ses mérites, sa longue expérience du commandement et son engagement politique proche du gouvernement de l'époque, le ministre de la Défense d'alors lui envoie un hélicoptère pour qu'il le rejoigne à Bonn. Alors qu'il doit prendre le commandement du *III. Korps* à Coblence, Stoltenberg lui demande le 14 août 1989 s'il se sent capable de commander les éléments de l'ex-*NVA* et lui propose de se charger de cette mission historique. Sans hésiter Schönbohm accepte[2].

Jörg Schönbohm est chargé de dissoudre la *NVA* et d'intégrer les volontaires de l'Est dans la *Bundeswehr* dès la réunification
Bundesarchiv, Bild 183-1990-1004-025

1. Est un grade d'officier général de l'Armée allemande et équivaut à celui de général de corps d'armés en France.
2. In *Das Bundeswehrkommando Ost-Keimzelle der Armee der Einheit.www.bundeswehrportal.de*

MINISTERRAT DER DEUTSCHEN DEMOKRATISCHEN REPUBLIK
MINISTERIUM FÜR ABRÜSTUNG UND VERTEIDIGUNG

N° 0979
Tagesbefehl des Ministers für Abrüstung und Verteidigung zur Eingliederung der Nationalen Volksarmee in die Bundeswehr anlässlich des Beitritts der Deutschen Demokratischen Republik zur Bundesrepublik Deutschland vom 02. Oktober 1990.

Avec le 2 octobre, 24 h 00, cesse d'exister, selon la volonté de notre Peuple, la République démocratique allemande, mais pas son Peuple.

Avec le 2 octobre, 24 h 00, la *NVA* cesse d'exister, mais pas ses soldats et ses employés civils.

Avec l'adhésion de la République démocratique allemande à la République fédérale d'Allemagne, le 3 octobre 1990, débute une nouvelle phase dans l'histoire du Peuple allemand. Après 40 ans de séparation arbitraire, est de nouveau lié ce qui devait être uni.

Vous, en tant que soldats et employés civils de la *NVA*, faites partie, à la prise d'effet de l'adhésion selon le Traité d'unification, de la *Bundeswehr*. Votre participation réalise un acte historique unique.

La *NVA* était sous la tutelle d'un parti qui s'est montré dans l'incapacité de répondre aux besoins des citoyens de la République démocratique allemande.

Il revient cependant aux membres de la *NVA* le mérite d'avoir exercé leur mission selon la Constitution, assuré la sécurité extérieure des leurs concitoyens et concitoyennes, soutenu le maintien de la paix, au mieux de leur capacité et avec un grand professionnalisme.

Depuis l'automne 1989, vous avez contribué de façon responsable, pour que le processus de refonte dans notre pays se déroule de manière pacifique, permettant d'ouvrir la voie à la liberté et à la démocratie dans cette partie de l'Allemagne.

Parallèlement aux bouleversements sociétaux au sein de la République démocratique allemande, les membres de la *NVA* ont débuté une réforme militaire complète et contribué à engager des mesures actives et générales de désarmement.

Pour avoir répondu à vos devoirs militaires envers la Patrie, avoir su placer très souvent vos intérêts personnels et les préoccupations de vos familles après celle du Peuple, Mesdames et Messieurs, mes remerciements sincères vous sont dus.

Avec effet au 3 octobre 1990 et conformément à la loi des soldats vous allez prendre votre service dans le cadre de la loi sur le service militaire la République fédérale d'Allemagne, en lien avec la loi sur le service militaire et conformément aux spécifications du Traité sur l'unification. Pour la majorité d'entre vous, votre mission consistera à servir fidèlement l'État allemand réunifié, d'assurer la sécurité du Peuple allemand ainsi que de participer au maintien de la paix en Europe.

Un certain nombre quitteront dans les quatre prochaines années le service armé, dans le cadre de la fusion de la *Bundeswehr* et de la *NVA*, selon le Traité d'unification et la réalisation de l'engagement pris en charge des États de l'OSCE pour réduire les forces armées allemandes.

J'attends de tous, aussi longtemps que vous accomplirez votre devoir, d'effectuer vos devoirs dignement et dans l'honneur et de les remplir de toutes vos forces et de contribuer à la protection de la liberté de la démocratise dans une Allemagne unie pour la conservation de la paix en Europe.

Ainsi je vous libère, en tant que membres ou employés civils de la *NVA*, de vos obligations que vous avez dû remplir face à la République démocratique allemande.

À compter du 3 octobre 1990, 00 : 00, vous êtes soldats et employés civils de la *Bundeswehr* et donc soumis au ressort du ministre fédéral de la Défense de la République fédérale. Mesdames et Messieurs ! je vous souhaite ainsi qu'à vos familles tout ce qu'il y a de meilleur, la santé et le bonheur personnel.

Strausberg 2 octobre 1990 Rainer Eppelmann
Ministre du Désarmement et de la Défense

Le 3 octobre 1990

« Le 2 octobre. À 24.00 heures, la *Nationale Volksarmee* cesse d'exister ».
Dernier ordre du Jour de la *NVA*.

« Lorsque j'ai mis l'uniforme (celui de la Bundeswehr) j'étais submergé par un drôle de sentiment. Tout à coup je portais l'uniforme de l'ennemi de classe. Que vont maintenant penser les soldats ? Ils savent tous, qu'en tant qu'officier de la *NVA* je soutenais le régime. (...) Henrik S. rejoint son domicile en uniforme de la Bundeswehr où l'attend sa petite fille de 4 ans qui lui dit : « Papa, papa je ne comprends pas. La RDA est morte et tout le monde est heureux. Mais quand on meurt, il faut pleurer ! »

Henrik. S. quitte son uniforme de la *NVA* pour endosser celui de la *Bundeswehr*. Il est officier de permanence dans son unité quand la *NVA* devient la *Bundeswehr*[1].

Reste dans le souvenir collectif européen, non seulement la date de la Réunification allemande mais aussi la fin d'un des régimes autoritaires communistes en Europe. Après une séparation de 45 ans, la RFA et la RDA sont enfin réunies.

Dernier ministre du Désarmement et de la Défense de la RDA, Eppelmann remet officiellement la *NVA* entre les mains de son homologue Gerhard Stoltenberg. Egon Bahr, conseiller du ministre de la Défense[2] rapporte et critique le comportement pour le moins cassant et peu imprégné d'empathie envers les ex-soldats de la *NVA* par Stoltenberg : « Il (...) refusera aux Allemands de l'Est un acte de décence symbolique en faisant descendre les couleurs est-allemandes et en hissant les nouvelles (...) et de marquer cette césure musicalement en jouant l'hymne ancien puis le nouveau. On avait oublié d'imprimer le discours d'Eppelmann (...). Beaucoup d'officiers de

1. Heute ist osten wdr.
2. *In* Egon Bahr, *Zu meiner Zeit*, Karl Blessing Verlag, 1996.

l'Ouest avaient amené leurs épouses (...) Les officiers de l'Est nouvellement intégrés étaient quant à eux sans accompagnement féminin. Peut-être avait-on oublié de les inviter ? ... »

À minuit, les ex-officiers de la *NVA* réunis avec leurs camarades de la *Bundeswehr* à Strausberg trinquent à la Réunification allemande. À compter de ce moment, l'ensemble des forces armées est-allemandes portent désormais le nom de *Bundeswehr ;* une page de l'histoire européenne vient d'être tournée.

Lorsque Schönbohm quitte la réception quelque temps plus tard, les gardes à l'entrée du bâtiment ont déjà permuté leur uniforme en tenue kaki de la *Bundeswehr* et arborent sur l'épaule le drapeau propre à l'Allemagne réunifiée. A la question, si tout se passe bien, ils répondent militairement « rien à signaler » c'était bien le mot de la fin de la *NVA*.

Quelques seize jours plus tard – tout fraîchement incorporés par l'ex-*NVA* – les premiers conscrits provenant des nouveaux *Länder* de l'Allemagne réunifiée prêtent leur premier serment démocratique à Bad Salzungen, petite ville en Thuringe où ils jurent sur le sol de l'ancienne RDA de servir fidèlement la République fédérale d'Allemagne.

Dissoudre une armée : mission impossible ?

Au lendemain de la Réunification, ce ne sont pas moins de 585 000 hommes sous les armes et 215 000 personnels civils[1] que compte désormais la *Bundeswehr*. Elle devient pour ainsi dire une des armées les plus puissantes de l'OTAN et la première en Europe. Mais cette situation de déséquilibre militaire n'est pas pour perdurer, conformément au traité Deux-Plus-Quatre[2]

1. *In Armee der Einheit.1990-2000*, Presse und Informationsstab. Bundesministerium der Verteidigung, p. 11.
2. Le Traité de Moscou, également appelé Traité quatre plus deux ou Traité deux plus quatre, est un accord international entre les représentants des deux Allemagne (Allemagne de l'Ouest et Allemagne de l'Est), ainsi que les quatre puissances alliées de la Seconde Guerre mondiale, la France, les États-Unis, le

qui engage irrémédiablement les Allemands à réduire drastiquement la force globale de leurs troupes d'ici le 31 décembre 1994.

« Une fois passé l'ivresse et l'enthousiasme de la libération », il faut maintenant s'atteler à prendre en charge 17 millions d'habitants et se réapproprier une société bâtie sur un système totalitaire.

Sur l'aspect militaire qui nous intéresse, la tâche à laquelle le ministère fédéral de la Défense est confronté semble insurmontable. Il faut gérer la suppression de milliers d'emplois civils et militaires de l'ex-*NVA*, dissoudre des unités des composantes terrestres, aériennes et maritimes, assainir les casernes, les ports militaires et les bases aériennes ainsi que fermer des camps d'entrainement et des hôpitaux militaires.

Mais l'urgence absolue concerne la sécurisation puis la destruction des armements et des munitions de l'ex-*NVA*, mais également des institutions paramilitaires de la RDA qui furent comptabilisés dans les effectifs de la *NVA*. Avec plus de 15 000 systèmes d'armes lourdes et plus de 30 000 tonnes de munitions et 1,2 millions d'armes à feu, il faut rapidement prendre en charge et comptabiliser ces milliers de tonnes de matériels militaires et civils produits depuis des décennies, et dont certains n'ont pas été répertoriés, afin d'éviter des détournements criminels d'armes et de munitions.

Un ancien officier de la *NVA* a laissé ce commentaire perspicace : « Les soldats ne doivent pas trainer à ne rien faire, parce qu'ils savent où sont stockés les armes et les munitions (...) ils doivent être occupés peu importe comment. »[1] et le ministre Eppelmann de constater avec effroi : « Je n'ai pas pu scruter l'in-

---

Royaume-Uni et l'URSS. Sa signature le 12 septembre 1990 à Moscou ouvrit la voie de la Réunification allemande. Cette répartition s'exécutera de la façon suivante : 320 000 soldats dans l'ancienne Allemagne de l'Ouest et 50 000 soldats devant être stationnés dans les nouveaux *Länder*.

1. *In* Matthias Fuchs, *Die Auflösung der NVA und ihre Teilintegration in die Bundeswehr* / Seminar für Politische Wissenschaft, Rheinische Friedrich-Wilhelms-Universität Bonn. 2001.

térieur de chaque caserne, de chaque dépôt, c'était impossible. Il a bien fallu que je puisse, suite à ma demande, m'appuyer un peu sur les informations livrées, celles qui m'ont été faites, qu'elles correspondent à la réalité. » Pour cette raison, il faut donc maintenir en service un nombre conséquent de soldats afin de surveiller tous ces stocks d'armes.

Un nouveau centre de commandement pour une nouvelle armée

Le ministère de la Défense de la RFA crée *sui generis* un nouveau centre de commandement pour planifier et mener à bien les missions de Schönbohm et de son État-major. Il prend appellation de Commandement de l'armée allemande Est (*Bundeswehr Kommando Ost*)[1].

Sous l'autorité directe du ministère fédéral de la Défense, ce commandement militaire est conçu pour une durée limitée et englobe toutes les anciennes forces de l'*ex-NVA*, les nouvelles unités en cours de formation et les nouveaux arrivants mutés. Pour la première fois dans l'histoire de l'Armée allemande un général avait la haute main sur un groupement interarmées composé de tous les éléments d'une armée anciennement rivale. Les locaux mis à disposition de son État-major[2] sont ceux de l'ancien ministère du Désarmement et de la Défense de l'ex-RDA à Strausberg.

1. Unités sous son commandement : *Heereskommando Ost ; Vorbereitungsstab 5 ; Luftwaffendivision ; Marinekommando Rostock ; Stab Militärbezirk III / Wehrbereichskommando VII (St MB III/WBK VII)[; Wehrbereichskommando VIII.*
2. Il sera composé de 8 sections de 240 officiers et sous-officiers provenant de l'Ouest et 360 officiers et sous-officiers de l'ex-*NVA* et environ 200 personnels civils. *In* Jörg Schöhnbohm, *Zwei Armeen und eine Vaterland*, Siedler Verlag, 1992, p. 33.

Une tâche difficile attend Schönbohm et son adjoint le major général[1] Werner von Scheven.[2] Il faut d'abord conduire en douceur l'intégration des 90 000 militaires de l'ex-*NVA* et des 47 000 personnels civils[3] à la suite des forces pour ensuite atteindre une déflation d'effectifs de façon à ramener les forces stationnées sur le territoire oriental de l'Allemagne à 50 000 hommes.

Pour l'aider dans cette lourde tâche, Schönbohm a impérativement besoin, outre de la présence de cadres de la *NVA,* des cadres chevronnés provenant de la *Bundeswehr*. Pour réaliser de nouvelles structures administratives dans les nouveaux *Länder* de l'Est, selon le modèle de l'Ouest, un millier de militaires provenant des *Länder* de l'Ouest sont désignés pour servir en Allemagne orientale. Rares sont les volontaires et les désignés sont les plus nombreux. La politique d'unification réclame un signe fort en direction de la société civile allemande réunifiée, il est donc indispensable de mettre en exergue la fusion naturelle des deux peuples. En conséquence, l'état-major du *Bundeswehr Kommando Ost* est composé non seulement de personnels de la *Bundeswehr* mais également de l'ex-*NVA*.

La surveillance des nombreux sites sensibles et la manutention de matériels totalement inconnus pour les membres de la *Bundeswehr* exige de recourir et de travailler dans l'immédiat avec les membres de l'ex-*NVA*. Ils sont indispensables pour participer à l'inventaire des infrastructures[4] sur le territoire de l'Allemagne orientale, au recensement des nombreux matériels[5] et des innombrables dépôts de munitions, ainsi qu'à

1. Est un grade d'officier général de l'Armée allemande. Ce grade est exclusivement utilisé dans l'Armée de terre, et dans l'Armée de l'air. Equivaut au général de division en France.
2. Werner von Scheven est un lieutenant-général.
3. 2 300 postes furent supprimés et 35 garnisons dissoutes !
4. Plus de 1 500 unités réparties sur plus de 2 000 sites militaires !
5. 2 350 chars de combats, plus de 5 800 blindés de reconnaissance et légers, plus de 5 000 systèmes d'artillerie et de défense sol-air et plus de 140 000 véhicules et remorques.

l'interprétariat auprès de l'armée Soviétique[1] qui reste pour le moment stationnée en Allemagne orientale jusqu'en 1994. Citons Schönbohm : « Nous avions besoin de l'aide des officiers et sous-officiers de la *NVA*, mais je ne pouvais pas dissimuler le fait qu'à long terme nous ne pouvions prendre en charge qu'un petit nombre d'entre eux. »

« Si des officiers supérieurs de la *Wehrmacht* avaient été jugés aptes à participer à la construction de la *Bundeswehr*, cela devrait également être valable pour des officiers de la *NVA* » ajoute Egon Bahr, conseiller du ministre de la Défense de la RDA en 1990.

Il est en effet difficilement concevable de se passer de leur expertise. D'ailleurs Schönbohm maintient certains ex-généraux de la *NVA* et leur fait signer un contrat de « conseiller civil » afin qu'ils contribuent au bon déroulé des opérations. Leurs contacts privilégiés auprès de leurs anciens homologues du Commandement des troupes soviétiques stationnées en Allemagne, en vue d'une saine cohabitation et en prévision de leur retour en Union soviétique, sont des plus précieux.

> « De novembre à décembre 1991, nombreux furent les sous-officiers de carrière et officiers à quitter notre unité. Le reliquat maintenait le cours du service. (...) Outre la garde et le sport, il n'y avait plus rien à faire. Certains supérieurs hiérarchiques croyaient encore à l'existence de deux armées au sein d'une fédération. (...) Après un an d'incertitude, la dissolution de l'unité fut ordonnée et en 14 jours nous fumes libérés de toute obligation militaire. Le système d'armes, ainsi que les missiles,

1. Composé de 5 armées, 11 divisions blindées, 8 divisions de fusiliers ; 1 brigade d'assaut aérienne, 12 brigades de missiles nucléaires plus de 700 avions et 375 hélicoptères. Le Groupement des forces armées soviétiques en Allemagne (en allemand *Gruppe der Sowjetischen Streitkräfte in Deutschland,* en abrégé *GSSD*) est la partie des Armées de terre et Armées de l'air soviétiques en Allemagne de l'Est et en Allemagne de l'Ouest de 1954 à 1994. À partir de 1988, le *GSSD* fut nommé *WGT* en RDA (Groupement ouest des troupes) et il s'appelait, en RFA, le *GSTD* (Groupement des troupes soviétiques en Allemagne). Les contingents de l'Est représentaient l'écrasante majorité de ces troupes ; c'était le plus gros contingent maintenu par une puissance étrangère sur un autre territoire.

furent transférés le 5 décembre 1990 vers la 41e unité sol-air de Ladeburg, où elles seront démantelées et emballées au cours des deux années qui suivirent. »

Témoignage d'un jeune soldat
d'une unité de défense aérienne.

Une intégration malaisée

Le haut commandement de l'ex-*NVA* est dissous et les officiers généraux[1] licenciés, les commandements de niveaux subalternes et de certaines unités de l'ex-*NVA* sont momentanément confiés à des officiers de la *Bundeswehr*. Dès le 3 octobre 1990, tous les cadres et les hommes de troupe ont été absorbés dans la nouvelle *Bundeswehr*.

Les officiers politiques, les soldats âgés de plus de 55 ans[2], les cadres identifiés comme anciens collaborateurs bénévoles de la *Stasi*, ainsi que le personnel féminin (à l'exception du personnel féminin du Service de santé), sont immédiatement écartés.

Malgré des séjours d'adaptation au sein des unités occidentales des trois armées, et des stages organisés dans les écoles de la *Bundeswehr* au profit des cadres de l'ex-*NVA*, peu manifestent de l'intérêt pour un maintien au sein de la nouvelle armée allemande et environ 60 pour cent des membres de l'ex-*NVA* quittent volontairement la *Bundeswehr*[3] avant le 31 décembre 1990.

Plusieurs raisons sont à l'origine de cette décision. Modelée par des décennies d'idéologie communiste, l'intégration d'offi-

1. Un certain nombre de généraux servirent comme collaborateur civil. En effet il était difficile voire impossible de pénétrer tout un système basé sur le secret et le cloisonnement des informations. La multiplicité des structures et des sites classifiés demanda donc l'indispensable collaboration momentanée de certains généraux.
2. *In Armee der Einheit.1990-2000, Presse und Informationsstab. Bundesministerium der Verteidigung*, p. 10. En outre tous les militaires âgés de 50 ans et plus durent quitter le service actif pour le 31.12.1990.
3. Environ 24 000 hommes quittent la *Bundeswehr* avant la fin de l'année 1990 réduisant l'effectif restant à environ 69 000 hommes.

ciers et de sous-officiers de l'*ex-NVA* dans une armée occidentale est incompatible avec leur sens inné du devoir et de leur serment d'allégeance envers la RDA. Ils ont juré de se battre contre un système qu'ils doivent maintenant servir et défendre ! C'est difficilement acceptable pour ces officiers endoctrinés.

Pour d'autres, occuper un poste subalterne sous les ordres d'un officier de la *Bundeswehr* était difficilement supportable, voire humiliant car pour un bon nombre de cadres est-allemands il est impossible de porter l'uniforme de l'ancien « ennemi de classe ». Aussi, beaucoup d'entre eux préfèrent bénéficier d'indemnités de départ plutôt que de risquer de se retrouver au chômage après la période d'essai de deux ans proposés par le ministère fédéral de la Défense.

D'autres tentent le saut dans l'inconnu et ce ne sont pas moins de 6 000 officiers, 11 200 sous-officiers et 800 militaires du rang qui sont autorisés à s'engager au sein de la *Bundeswehr* durant une période probatoire de deux ans[1]. Pour ces ex-soldats de la *NVA,* c'est la fin de la désorganisation due aux nombreuses réformes qui s'enchaînèrent de manière confuse en RDA, mais l'intégration n'est pas des plus aisée.

Une difficile promiscuité

Rien n'est simple pour les nouveaux « camarades de l'Est ». Pour beaucoup de « *Ossis* », la domination des cadres ouest-allemands, les « *Wessis* »[2] se fait souvent durement ressentir. Il leur faut apprendre à utiliser et manier d'autres armes, de

1. Sur environ 12 000 officiers et sous-officiers qui avaient décidé de rester dans la *Bundeswehr.*
2. *Wessi* avec un S au pluriel, est une expression utilisée dans le langage courant qui, selon le dictionnaire de la langue allemande, indique une personne provenant de la RFA d'avant la réunification allemande ; les Allemands de l'Ouest. Le contre-mot correspondant est Ossi souvent utilisé pour désigner les personnes provenant de l'ancienne Allemagne de l'Est, des nouvelles provinces. Le linguiste Doris Steffens de l'Institut de la langue allemande, répertorie les termes *Wessi* et *Ossi* comme un exemple des difficultés du

nouveaux équipements et découvrir le style de commandement propre de la *Bundeswehr* comme le concept de l'*Innere Führung*[1] ; c'est toute une culture militaire qu'il faut revoir !

Les critères d'intégration pour les volontaires à servir au sein de la *Bundeswehr* se basent aussi bien sur des éléments de comparaison des titres civils (qualifications, diplômes, etc) et militaires (compétences spéciales, commandement[2], sachant que les diplômes universitaires militaires ne sont pas assimilés à ceux de l'Ouest en raison de la forte proportion d'idéologie contenue pour leur obtention)[3].

Une fois ces choix opérés les ex-officiers de la *NVA* retenus sont rétrogradés d'un à deux grades[4] en raison d'un avancement qui leur était plus favorable[5] dans la *NVA* que dans la *Bundeswehr.* De plus leur salaire ne se monte qu'à hauteur de 60 p. cent de celui de leurs camarades de l'Ouest.

Mais, militaires ils étaient, militaires ils veulent rester. Sous le nouvel uniforme kaki ils servent dorénavant une organisation qui pratique les mêmes fondamentaux propres à toutes les armées du monde : la discipline et le respect de la hiérarchie.

À l'issue des deux ans de contrat, un comité indépendant décide du maintien ou non de ces nouveaux engagés volon-

---

processus d'unification. Leurs attributions négatives ont en grande partie perdu leur importance ces dernières années.

1. Est une conception qui est basée sur le modèle du citoyen en uniforme et dont les contours ont été conçus dans le cadre du réarmement avant même la création de la *Bundeswehr*. Le concept de *l'Innere Führung* (formation morale et civique) met en adéquation les principes de liberté de l'État de droit, et des forces armées ouvertes dans une société [...] ouverte sont le résultat de *l'Innere Führung.*
2. *In* Matthias Fuchs, *Die Auflösung der NVA und ihre Teilintegration in die Bundeswehr / Seminar für Politische Wissenschaft. Rheinische Friedrich-Wilhelms-Universität Bonn,* 2001.
3. *In* Matthias Fuchs, *op. cit.*
4. La reconnaissance et la valeur de certains des grades universitaires de l'ex-RDA serra amoindrie à cause de la part importante consacrée à d'idéologie dans leur obtention.
5. Le rapport était à l'époque d'un officier pour douze soldats dans la *Bundeswehr* alors que la *NVA* il était d'un officier pour six soldats de la *NVA* ! Il y avait par contre beaucoup moins de sous-officier au sein de la *NVA.*

taires. Au total 10 600 hommes, dont 3 000 officiers et 7 600 sous-officiers, peuvent poursuivre une nouvelle carrière dans la *Bundeswehr*, mais 500 officiers et 1 000 sous-officiers ne sont pas reconduits pour avoir volontairement omis de signaler leur lien avec la *Stasi*[1].

Afin d'accélérer le processus « d'armée de la Réunification », les nouveaux conscrits originaires de l'Est effectuent dès le 1er janvier 1991 leur formation initiale dans des unités stationnées en Allemagne de l'Ouest. Dès lors, les conscrits de l'Est et de l'Ouest servent ensemble en découvrant des *Länder* qui jusqu'alors leur étaient inconnus.

La *NVA* possède quatre fois plus de matériels que de personnels, la *Bundeswehr* doit donc détruire un stock colossal de munitions[2] et de matériels obsolètes. Une partie est également remise aux Américains comme participation contributive à la première Guerre du Golfe. Seuls quelques véhicules de transport de troupes *BMP*,[3] des hélicoptères de type *MI 8*[4] et 24[5] ainsi que des chasseurs *Mig 29*[6] (qui resteront même en service jusqu'en 2004) sont conservés.

---

1. La condition préalable à une intégration définitive dans la *Bundeswehr* était le contrôle de sécurité réalisé avec le concours du commissaire fédéral pour les archives de la *Stasi* de l'ex-RDA à Berlin qui permettait de vérifier les éventuels antécédents des postulants dans les services de sécurité de la RDA. L'autorité fédérale conserve les documents saisis et non détruits en 1990 par le ministère de la Sécurité d'État de la RDA dans leurs archives. Il existe plus de 111 kilomètres de fichiers et plus d'1,4 millions de photos. Tout citoyen allemand ou étranger peut faire une demande de consultation.
2. La *NVA* possédait un stock de munitions plus important que celui de la *Bundeswehr* qui comptait 495 000 hommes !
3. *BMP* soit «véhicule de combat d'infanterie» est le nom d'une série de véhicules militaires russes de transport de troupes au sol.
4. Le *Mi-8* est un hélicoptère polyvalent conçu et fabriqué en URSS puis en Russie. Son premier vol eut lieu en juin 1961.
5. Le *Mi-24* est un hélicoptère d'attaque soviétique du constructeur Mil avec une capacité de transport léger.
6. Le *Mikoyan-Gourevitch MiG-29* est un avion de chasse de suprématie aérienne soviétique développé au début des années 1970 et dont le premier vol eut lieu le 6 octobre 1977. Il est entré en service dans l'Armée soviétique en 1983 et est encore utilisé aujourd'hui par l'armée de l'Air russe et de nombreux autres pays. Plus de 1 100 exemplaires ont jusqu'à présent été construits.

Tout au long de ce gigantesque chantier, la *Bundeswehr* ferme également la plupart des garnisons de l'ex-*NVA*[1], vend une grande partie du matériel et rétrocède des chars à l'Union soviétique. Ce réaménagement structurel mené avec maestria par Schönbohm a porté ses fruits. Promptement mené, il amènera le ministère fédéral de la Défense à dissoudre et créer très rapidement une nouvelle structure de commandement.

Le 1er avril 1991 est mis en fonction le Corps et Commandement territorial Est (*Korps und Territorial Kommando Ost*), le Commandement de la Marine (*Marine Kommando*) à Rostock et le Commandement de la 5e division aérienne (*Kommanodo 5. Luftwaffendivision*) qui prendront progressivement les missions du *Bundeswehrkommando Ost.* Le 16 avril 1991, von Scheven[2] prend le commandement du nouveau Corps / Commandement territorial Est qui sert dorénavant de modèle dans le cadre d'un projet de restructuration pour les forces armées dans l'Est[3]. Von Scheven est promu *Generalmajor* le 1er juillet 1991 à l'occasion de la passation de commandement et de la dissolution du *Bundeswehrkommando Ost.*[4] Schönbohm prononce[5] lors de son discours d'adieu les paroles suivantes : « Il y a eu beaucoup de discussions quant à savoir si des soldats d'un ancien État communiste, dorénavant soumis à l'État de droit, pourraient servir dans la *Bundeswehr*. Je le dis clairement aujourd'hui :

1. Le premier trimestre environ 193 unités et services de l'ex-*NVA* furent dissous.
2. Il quittera ses fonctions le 30 septembre 1994 à quelques mois de la date imposée par le traité.
3. Dans le cadre de la nouvelle structure n° 5 de l'armée de Terre elle sera renommée le 1er janvier 1995 de *IV Korps. In Armee der Einheit. 1990-2000, Presse und Informationsstab. Bundesministerium der Verteidigung*, p. 12.
4. Schönbohm fut de 1991 à 1992 inspecteur de l'armée de Terre, Prenant ses droits à la retraite en 1992, il occupera jusqu'en 1996 le poste de Secrétaire d'Etat chargé de la politique de sécurité, de la planification et de l'armement de la *Bundeswehr* au ministère fédéral de la Défense. En 1998 il devient sénateur de la ville de Berlin en charge de l'Intérieur puis de 1999 à 2009 ministre de l'Intérieur de l'État de Brandebourg. *In* Jörg Schönbohm, *Der Abwickler der NVA. Persönlichkeiten der deutsche Militärgeschichte*, Loyal 7 / 8 2016.
5. *In Armee der Einheit. 1990-2000, Presse und Informationsstab. Bundesministerium der Verteidigung*, p. 11.

même les anciens soldats de la *NVA* comprennent les principes et les différences fondamentales et sont prêts à servir l'Allemagne réunifiée, ils ont déjà commencé depuis le 3 octobre et ils le prouveront à l'avenir » et Stoltenberg de rajouter que le *Bundeswehr Kommando Ost*[1] : « ne remplit pas seulement une tâche militaire de manière exemplaire, mais aussi qu'il apporte une contribution conséquente à la consolidation de l'Allemagne unifiée ».

À l'issue de ce commandement d'exception, Schönbohm est nommé pour six mois inspecteur général de l'armée de Terre. Débutant une carrière politique, il sera nommé secrétaire d'État à la Défense et occupera durant quelques années le poste de ministre de l'Intérieur du *Land* de Brandebourg avant de prendre sa retraite.

Alors que le démantèlement des institutions et des forces armées de la RDA se déroule dans un climat pondéré, l'URSS est le théâtre d'une crise de déstabilisation majeure qui aurait pu avoir des conséquences incalculables sur les processus de normalisation entre l'Est et l'Ouest.

Crise identitaire au sein de l'Armée soviétique

Depuis son accession au pouvoir, Mikhail Gorbachev s'applique à réduire drastiquement les effectifs et le poids économique de l'Armée soviétique. Après le retrait des troupes soviétiques d'Afghanistan, la réduction des forces stationnées en Europe de l'Est est rapidement menée, laissant les gouvernements socialistes en place face à leur destin.

Cette situation, parmi bien d'autres, générera l'antagonisme politique entre le camp des réformateurs et celui des conservateurs ; ces derniers exigent un retour à l'ordre ancien. L'abolition en mars 1990 de l'article 6 de la Constitution soviétique de 1977, sur le rôle dirigeant du parti communiste, et

1. *In Armee der Einheit…*, *op. cit.*, p. 12.

la rapide désintégration de l'Union soviétique, à travers la proclamation d'indépendance de certaines de ses républiques ne sont pas acceptés par les brejnéviens. Aussi, l'absence d'intervention armée contre les troubles dans les pays satellites et les sécessions successives au sein des Républiques socialistes ont permis leur libéralisation que l'Armée soviétique a auparavant empêchée en 1953, en 1956 et 1968.

En effet dès mars 1990, la Lituanie est la première à braver Moscou et à choisir la voie de la sécession. Progressivement les autres républiques annoncent leur intention de l'imiter, ce qui mène à une période ininterrompue de défis au pouvoir moscovite. Dans un sursaut d'autoritarisme, Gorbatchev tente vainement d'appliquer à Vilnius la vieille recette de la répression, mais la réprobation internationale l'oblige à céder.

La crise polonaise, la chute du Mur de Berlin, provoquent une réaction en chaîne dont les effets sont loin d'être amortis. Avec le démantèlement du Rideau de Fer, c'est l'œuvre de Staline qui est défaite[1], aussi le projet de signature de traité de l'Union[2], qui doit être signé le 20 août 1991 symbolise-il pour les conservateurs, et une partie du corps des officiers généraux

1. Les gains de territoire opérés à la faveur du pacte germano-soviétique du 23 août 1939 avaient permis à Staline d'annexer quelques 700 000 km^2 (les trois États Baltes, la partie occidentale de la Pologne, la Bessarabie et la Bukhovine du Nord) et le contrôle de l'Europe centrale grâce aux accords de Potsdam de juillet-août 1945 s'effritent.
2. L'Union des États souverains fut une proposition de Mikhaïl Gorbatchev de refonder l'Union des républiques socialistes soviétiques dans une nouvelle fédération, beaucoup plus lâche que la précédente. Le traité en question, présenté comme une refondation de l'Union soviétique, devait remplacer celui de 1922 qui avait institué même la création de l'URSS. Ce traité a donné lieu à l'unique référendum de toute l'histoire de l'URSS. Il s'est tenu le 17 mars 1991 sur la question suivante : « Pensez-vous qu'il est essentiel de préserver l'URSS sous forme d'une fédération renouvelée de républiques souveraines et égales où les droits et les libertés de chacun, quelle que soit la nationalité, seront pleinement garanties ? » 76,4 % des électeurs répondent « oui » dans les neuf républiques où a lieu la consultation. En effet, six républiques (l'Estonie, la Lettonie, la Lituanie, la Moldavie, l'Arménie et la Géorgie), refusent d'y participer. La nouvelle Union devait donc être constituée avec seulement neuf des quinze républiques de l'ancienne Union des républiques socialistes soviétiques.

soviétiques, non seulement une trahison mais une capitulation. Pour l'ensemble des conservateurs, ces bouleversements fléchissent la position de l'URSS au niveau international et transforment la donne politique et stratégique en Europe.

Nombreux sont ceux qui ne peuvent accepter de voir l'URSS perdre sa puissance. Il n'est donc pas surprenant que des divisons se cristallisent entre les principaux responsables militaires de la haute hiérarchie soviétique.

Deux clans s'affrontent fermement, d'une part les gorbatcheviens[1] et, en totale opposition, se trouvent les tenants d'une ligne dure, nostalgique et brejnévienne, où l'Armée soviétique jouissait d'un respect et d'un prestige incontestés. Pour eux *Perestroïka* rime avec la destruction des acquis du marxisme léninisme et la fin des privilèges de la *nomenklatura* néo-brejnévienne[2]. Rien de surprenant que plusieurs généraux arrêtent des plans d'exécution militaires d'un coup d'État à l'issue d'une réunion conspirative au ministère de la Défense[3].

Mikhaïl Gorbatchev en fera les frais durant ses vacances en Crimée. Il voit débarquer le 18 août 1991 une délégation de conjurés le relevant de ses fonctions et le séquestrant.

---

1. Avec pour principal représentant le général d'Armée Moissev, chef d'état-major général et principal conseiller militaire de Gorbatchev qui comptera sur le soutien de toute une génération de militaires moins dogmatique, et désormais majoritaire parmi les principaux officiers généraux. Ainsi que des membres du Soviet suprême à l'origine de la *Perestroïka* qui collaboraient avec les éléments les plus progressistes du *KGB*.
2. Les représentants de cette mouvance se regrouperont en 1991 dans le Mouvement patriotique populaire, créé par le général Varennikov, commandant en chef des Forces terrestres et le général Gromov, vice-ministre de l'Intérieur. Ce sera sur cette mouvance que s'appuiera le comité pour l'état d'urgence (voir *infra*) pour susciter le putsch. D'autres groupes alimenteront également ce courant composés d'officiers supérieurs membres du *Sojuz*, mouvement communiste ultraconservateur auquel se rattachaient des officiers généraux dont le général Makarov, commandant en chef de la région militaire de Transcaucasie, le général Samsonov, commandant la région militaire de Leningrad et le général Kalinine la région militaire de Moscou.
3. Les opérations seront conduites par les généraux Maltsev, commandant la DCA soviétique, Densov, chef des opérations de l'état-major général et Ianssinki, du *KGB*.

G. Ianaev, vice-président de l'URSS, hostile à la désintégration de l'URSS, a décidé de remplacer Gorbatchev. Il signe avec V. Pavlov, Premier ministre de l'URSS, et O. Baklanov, premier vice-président du Conseil de défense, une déclaration justifiant la démission du secrétaire général par une incapacité d'exercer ses fonctions pour des raisons de santé, et proclament l'état d'urgence[1], rétablissent la censure et font entrer les chars à Moscou.

Le groupe *Alpha*[2], unité d'élite du *KGB* initialement créée pour la lutte contre le terrorisme, doit prendre d'assaut le parlement de Russie avec les unités *OMON*[3], mais les évènements ne se déroulent pas comme prévu.

En effet, le général commandant du groupe *Alpha* refuse d'exécuter l'ordre reçus de son supérieur le président du *KGB* d'attaquer la « Maison blanche »[4]. Quant aux unités déployées

1. Pour assurer la direction du pays et l'application de leur décision sera fondé un Comité d'État pour l'état d'urgence, composé des trois personnes mentionnées précédemment, ainsi que de V. Krioutchkov, président du *KGB*, de B. Pougo, ministre de l'Intérieur, du ministre de la Défense et de deux autres membres sans portefeuille ministériel.
2. *ALFA* est une force spéciale du Service fédéral de sécurité de la Fédération de Russie, spécialisée dans la lutte anti-terroriste (sauvetage des otages, tireurs d'élite, protection personnelle, détournements d'avion). Faisant suite à la prise d'otages des Jeux olympiques de Munich en 1972, le groupe *A* est fondé par le *KGB* en 1974. Son existence n'est révélée que dans les années 1990. Ses effectifs sont estimés à environ 700 hommes. Il a notamment participé à la libération de quatre diplomates soviétiques en 1985. Il a exécuté les proches des preneurs d'otages, ne leur laissant pas d'autre choix que de libérer les otages.
3. *OMON* ou Détachement de la milice à vocation particulière, est le nom générique pour désigner les unités de forces spéciales du ministère de l'Intérieur russe et anciennement de l'URSS.
4 La Maison blanche est le bâtiment qui abrite le gouvernement russe. Le bâtiment est situé au centre de la capitale Moscou. Lors des sessions de travail, les ministres s'y réunissent sous la présidence du chef du gouvernement. Le bâtiment a hébergé le Congrès des Soviets et le Soviet suprême, puis le Congrès des députés du peuple de la République socialiste fédérative soviétique de Russie (RSFSR) jusqu'à la crise constitutionnelle de 1993. Lors de ces événements, un siège a été tenu et le bâtiment a été endommagé par des tirs d'artillerie, causant un important incendie. La Maison blanche de Moscou est l'un des plus grands palais moscovites, mais il s'agit aussi de l'un des lieux

dans les rues de Moscou, elles ne semblent pas avoir reçu l'ordre de tirer sur la population, mais simplement de protéger celle-ci en se déployant[1].

Après que Boris Eltsine monte sur un char, et appelle les militaires comme les civils à défendre le pouvoir légitime, la majorité des unités *OMON* et de l'armée passent du côté des partisans et fraternisent avec la foule. La tentative désespérée de Moscou est vouée à l'échec, les membres du « Comité » capitulent le 21 août et le lendemain tout est fini. L'impression générale qui se dégage de cet évènement est l'impréparation, voire l'improvisation.

Le lendemain de la tentative de reprise en main de Moscou, Boris Eltsine[2] président de la République socialiste fédérative soviétique de Russie, tout juste élu deux mois auparavant, signe un décret selon lequel la déclaration du Comité de l'état d'urgence est anticonstitutionnelle et qualifiée de coup d'État. Tous les pouvoirs exécutifs du pays sont placés sous son autorité et il constitue un gouvernement de crise.

Mené par une frange minoritaire du haut commandement de l'Armée soviétique, le putsch n'obtient aucun soutien des troupes stationnées à l'étranger et tout particulièrement celui des forces soviétiques en Allemagne.

---

les plus fermés et les plus gardés de la capitale. Le chef du gouvernement, en plus d'y travailler, peut y résider de façon provisoire, bénéficiant à cette occasion d'un appartement aménagé pour des situations exceptionnelles.

1. Il est à noter que bien qu'engagées dans l'opération, des éléments des deux divisions blindées de la Garde qui assuraient la protection de Moscou et la division Dzerjinski, division d'élite du *KGB*, qui avaient dépêché 3 bataillons, resteront en retrait durant les évènements.

2 Boris Eltsine était un homme d'État russe, président de la Fédération de Russie de 1991 à 1999. Le 29 mai 1990, il est élu président du Soviet suprême de la République socialiste fédérative soviétique de Russie, ce qui fait de lui le premier président non communiste d'une République soviétique. Il joue un rôle-clé l'année suivante dans l'échec du putsch de Moscou, et marginalise ensuite Mikhaïl Gorbatchev : son action conduit, en quelques mois, à la dissolution de l'Union soviétique. Il devient ensuite le premier président de la Fédération de Russie. Il est réélu pour un second mandat en 1996 dans des conditions polémiques.

L'échec du coup d'État sera un accélérateur de la démocratisation et de la fin du régime.[1] Boris Eltsine, en position de force, décrète la dissolution et l'interdiction du parti communiste de l'Union soviétique et de l'URSS[2]. L'autorité de l'Union soviétique cesse pratiquement de fait sur les Républiques. Le 8 décembre 1991 est signé le document entre la Russie, l'Ukraine et la Biélorussie déclarant la dissolution de l'URSS et la création de la Communauté des États indépendants (CEI) qui conduit progressivement à la chute officielle de l'Union soviétique[3].

Épilogue

Parvenus au terme de cette étude, il importe d'en résumer succinctement les points fondamentaux en dégageant les points essentiels concourant à la fin de la *NVA*. Fin 1992, l'ensemble du matériel de l'ex-*NVA* est rassemblé et remis à une société de dépôt de matériel (*Material Depot Service Gesellschaft*) pour son démantèlement. La réduction des effectifs est rondement menée et conformément aux accords prévus par le traité de Moscou,

1. Boris Eltsine convoquera Mikhaïl Gorbatchev le 23 août au Parlement russe afin de l'humilier publiquement pour son attentisme face aux événements. Acculé, Gorbatchev sera contraint le lendemain de démissionner de ses fonctions de secrétaire général du Parti communiste et de dissoudre le Comité central. En effet, loin de restaurer la grandeur soviétique, les événements du mois d'août 1991 précipiteront, le processus des déclarations d'indépendance au sein des républiques qui composaient l'U.R.S.S. (Arménie le 23 août, Ukraine et Biélorussie le lendemain…) et l'écroulement presque total du système soviétique.
2. Le 26 décembre 1991, l'Union soviétique est officiellement dissoute et remplacée par la Communauté des États indépendants.
3. À l'issue de la fin de l'Union soviétique, l'Armée sera démantelée entre les différents nouveaux États, selon l'origine nationale des contingents. Fin 1992, les reliquats de l'Armée soviétique stationnés dans les Républiques avaient été dissous et les dernières forces basées en Europe et dans les Pays baltes seront retirées progressivement de 1991 à 1994. Les militaires russes, de loin les plus nombreux, constituèrent alors les forces armées de la fédération de Russie qui hérita de la majorité de l'équipement, en particulier la totalité de l'arsenal nucléaire de l'ex-Armée soviétique

la *Bundeswehr* ne compte plus qu'un effectif de 58 000 hommes dans les *Länder* de l'Est.

Le 31 août 1994, après 49 ans de présence et 4 ans après la Réunification, se déroule la cérémonie de départ des troupes russes au Treptower Park où, en présence de Boris Eltsine et d'Helmut Kohl, le major général Matweï Bourlakov[1], commandant du Groupement des forces armées de la CEI, fait défiler pour la dernière fois ses troupes en Allemagne[2]. La date du 31 décembre 1994 clos définitivement le dossier *NVA* et... celui de la présence militaire russe en Allemagne. Le 1er janvier 1995 le Corps du commandement territorial-Est est réorganisé dans le cadre de la restructuration de l'armée de Terre en IVe Corps.

La Réunification militaire allemande sera un succès politique indéniable pour le gouvernement d'Helmut Kohl. La *Bundeswehr* quant à elle peut être fière non seulement d'avoir participé durant plus de 60 ans à protéger la liberté et la paix en Europe, mais d'avoir su, dans un souci permanent d'éviter une fracture germano-allemande, parvenir et apaiser le malaise lié à la difficile mutation psychologique que les deux armées se devaient d'entreprendre en devenant le creuset d'une armée de

1. Matvei Burlakov Prokopjewitsch était un colonel général russe. De 1990 à 1994, il a été le dernier commandant en chef du Groupe des forces soviétiques en Allemagne (*GSSD*) et a entamé le retrait des troupes de l'Allemagne. De 1992 jusqu'à ce que le retrait des troupes soviétiques de l'Allemagne fût définitif, il a reçu le statut supplémentaire d'agent du gouvernement russe pour le Groupe occidental des forces. En août 1994, il est nommé secrétaire adjoint à la Défense de la Fédération de Russie. Le président Eltsine le relève de ses fonctions en 1995 pour des accusations de corruption qui n'ont jamais été prouvées.
2. Le *GSSD* est issu des troupes d'occupation soviétiques en Allemagne, il s'agit du plus important des quatre groupements de forces armées soviétiques installés dans les pays d'Europe centrale ; le changement fut opéré le 26 mars 1954. Les troupes qui comptaient initialement 1,5 millions de soldats furent réduites, en 1947 à 350 000 soldats. Le changement de 1954 représentait la fin de l'occupation, qui rendit à la RDA sa souveraineté ; mais l'intégration de la RDA dans le pacte de Varsovie, l'année suivante (le 20 septembre) permit au *GSSD* de se maintenir comme force de «sécurisation» contre l'OTAN. En 1963, ces forces étaient au nombre de 386 000 soldats, 7 500 chars de combat, 484 avions de chasse et 80 hélicoptères. Ces troupes furent engagées dans la répression du printemps de Prague.

l'Allemagne réunifiée. Peter Struck,[1] successeur de Stoltenberg au poste de ministre fédéral de la Défense, mettra plus tard l'accent sur l'effet « stimulateur de l'unité allemande ». Il est à noter qu'il a néanmoins fallu 24 ans, après la Réunification, pour qu'un ex-officier de la *NVA* se voit promu au grade de général de la *Bundeswehr*[2].

Malgré tout c'est la *Perestroïka,* initiée par Mikhaïl Gorbatchev, qui est le facteur déterminant dans la chute du Rideau de Fer et de la fin de la *NVA* ; il en aurait pu être tout autrement. Devant un avenir incertain, la perte de prestige d'une fonction respectée, mais aussi la perte de repères et de la fierté, il aurait pu y avoir de la part d'éléments de la *NVA*, un net refus de se plier aux exigences des représentants de la *Bundeswehr.*

Jusqu'à la veille de la Réunification tous les éléments encore actifs de la *NVA* étaient toujours dans un esprit de discipline tel qu'au moindre mot d'ordre ils étaient en mesure de se « réactiver ». Conjugué à un éventuel « succès » de la reprise en main de Moscou en 1991, un retournement de situation pour un retour à « l'ordre ancien » aurait eu des conséquences politiques et militaires incommensurables pour l'Europe de l'Ouest et pour le reste du monde. Malgré les désertions, le changement de mentalités, les dirigeants « démocratiquement élus de la RDA » ont, jusqu'au dernier moment, la hantise d'un possible putsch de la part de la *NVA*.

---

1. Peter Struck, né le 24 janvier 1943 à Göttingen et mort le 19 décembre 2012 à Berlin, est un homme politique allemand. Il est nommé ministre fédéral de la Défense et occupe ce poste jusqu'en 2005.
2. Le colonel Gert Gawellek, *Kommandeur der Oldenburgischen Luftlandebrigade 31*, reçoit en janvier 2014 des mains d'Ursula von der Leyen son diplôme de nomination. *In www.nwzonline.de/.../erster-ehemaliger-nva-offizier-zum-general.*

Postface

L'Allemagne, au cœur de la géopolitique de l'après-guerre froide

Avec la fin de la Guerre froide et la disparition de l'URSS, la structure géopolitique mondiale est profondément modifiée. L'ennemi potentiel d'hier a disparu et les théories exposées par le monde occidental se sont répandus dans les territoires jusqu'alors placés sous l'emprise communiste.

La Réunification a replacé l'Allemagne au cœur de la nouvelle Europe. Idéalement située entre l'Union européenne et les Pays d'Europe centrale et orientale, sa position géographique avantageuse peut lui permettre d'accroître ses intérêts du fait de la forte attraction qu'elle procura à ces pays. On ne peut nier la réalité géographique, Berlin se situant à 70 kilomètres de la frontière polonaise. Ce n'est pas le résultat d'une « poussée vers l'Est », mais d'un « recentrage » de la présence allemande sur le continent européen, fruit de facteurs de proximité géographique et culturelle.

Aussi nombreux sont les partenaires européens, dont la France, qui voient avec inquiétude, dans l'Allemagne réunifiée la future puissance dominante en Europe. Dans un premier temps il n'en est rien. L'Allemagne se trouve confrontée à des problèmes sociétaux et économiques d'une telle ampleur qu'elle n'a aucune quelconque ambition hégémonique européenne même si elle l'aurait voulue. Intégrer une population de plus de 17 millions d'habitants et reconstruire une économie moribonde sont des défis de taille, que peu de pays ont pu résoudre comme le feront les Allemands !

Car après la fête il a bien fallu, avec beaucoup de circonspection, amener une société économiquement planifiée et politiquement dirigiste à l'économie de marché et aux règles de la démocratie occidentale.

Les innombrables changements, et des comportements encore emprunts des lourdeurs du système communiste, posent des tourments aux fonctionnaires fédéraux chargés, au lendemain de la Réunification des deux Allemagnes, de régler entre autres les énormes détails administratifs dus à la désintégration de tout un système étatiste afin de l'adapter aux normes et règles des systèmes occidentaux en conformité avec la Constitution fédérale allemande.

Aussi, la politique allemande durant les années 90 continue à être marquée par le multilatéralisme et les relations bilatérales privilégiées avec Washington, Paris, Londres ou Moscou.

À la satisfaction de nombreux pays européens, la politique allemande se caractérise par la pérennité d'une ambition mesurée. Les grandes lignes de l'ancienne politique extérieure de la République fédérale restent au fond inchangées, elles sont adaptées à la nouvelle situation. Ainsi on continue à exiger de l'Allemagne, « grande puissance économique, mais nain politique » de payer mais de ne pas s'engager.

La césure s'opère quelques années plus tard. Après avoir pu assainir convenablement la situation économique dans les *Länder* de l'Est, l'Allemagne s'engage dans des intérêts dépassant le cadre européen en s'affirmant comme un puissant partenaire international soucieux, dorénavant, de remplir politiquement et militairement ses engagements internationaux.

Ce sera la fin de son approche de « puissance civile » en matière de politique étrangère, limitant ses actions au seul territoire national et à la sphère de l'OTAN, anciennement préconisé par le dogme de la défense collective en Europe pendant la Guerre froide.

Annexe 1

Les distinctions honorifiques est-allemandes

En RDA, une multitude d'épinglettes, plaquettes, médailles commémoratives conjuguées aux 142 récompenses d'État civiles et militaires avaient permis d'honorer l'ensemble du corps social.

Mis à part le côté pittoresque, et les breloques bon marché acquises sur les brocantes berlinoises dans les années post 90, ces multiples médailles et décorations ont été fièrement portées par leurs détenteurs et nombreux furent ceux peu enclins à les mettre au rebut. Que décideront donc les autorités fédérales allemandes à leur sujet ?

Il m'a donc paru intéressant de conclure cet essai par deux annexes traitant d'une part de l'approche juridique des autorités ouest-allemandes, relatives au port par les citoyens « réunifiés » des médailles obtenues comme ressortissant de la RDA, ainsi que de réaliser une présentation concise des deux plus hautes distinction délivrées durant la dictature est-allemande qui se devaient de figurer dans cet ouvrage

Port des distinctions est-allemandes

Avec la fin de l'existence de la RDA, les distinctions délivrées par les autorités est-allemandes n'avaient plus d'existence légale en droit international public, car entrant dans la catégorie des décorations remises par une nation n'ayant plus d'existence légale.

Malgré un télex du ministère fédéral de la Défense en date du 26.9.1990[1], qui interdisait aux soldats en uniforme de porter des décorations, médailles et insignes de l'ex-RDA, ce sera l'annexe I du chapitre II du contrat de réunification qui amènera des éclair-

1. Référence : MSGNO. 041975 adressé à toutes les unités de la *Bundeswehr.*

cissements notoires : « Les distinctions décernées par la République démocratique allemande peuvent être conservées et arborées sous la condition que l'ordre public [en français dans le texte] de la République fédérale d'Allemagne ne soit pas troublé. Il en est de même pour les distinctions étrangères qui avaient été autorisées de port par la RDA[1]. »

Par cette annexe, le législateur allemand ne jugeait pas utile de modifier un texte fondamental qu'était la loi régissant les insignes et distinctions honorifiques du 26 juillet 1957. Celle-là même qui avait permis aux anciens soldats de la *Wehrmacht* de pouvoir arborer leurs décorations de guerre (exemptes de croix gammée) sur l'uniforme de la *Bundeswehr* ou en civil.

Mais alors quelles étaient ces médailles qui par leur existence même, étaient susceptibles de porter une atteinte significative à « l'ordre public » ?

Si la notion est évidente lorsqu'elle provoque un trouble public, elle est beaucoup plus floue lorsqu'il s'agit d'une norme d'ordre juridique plus générale.

Il semblerait que les auteurs du texte ont voulu « responsabiliser les anciens frères ennemis » selon le postulat que seul le « décoré » devait être en mesure de pouvoir juger de l'opportunité de porter, aux yeux de ses nouveaux concitoyens ouest-allemands, des décorations qui pouvaient heurter leur sensibilité démocratique.

Il fallait également opérer la distinction entre les décorations remises pour services rendus à la collectivité au sein d'organisations caritatives de la RDA, telles la Croix rouge ou les services d'incendies, avec celles décernées pour loyauté aux directives d'un système totalitaire, en totale contradiction avec les lois fédérales et des droits de l'Homme.

Les textes fédéraux en la matière sont clairs et se réfèrent à l'esprit et aux principes de ceux édictés en 1957. Par conséquent, les décorations délivrées aux membres des troupes frontalières, des jeunesses socialistes (désignées en 1951 comme dangereuses pour la Constitution), aux célèbres *Vopos* aux divers organes de la *Stasi* (dont les activités ont été une menace pour les droits fondamentaux de l'Homme) sont interdites.

---

1. « *Von der Deutschen Demokratischen Republik verliehene Auszeichnungen können weitergeführt oder getragen werden, es sei denn, dass dadurch der ordre public der Bundesrepublik Deutschland verletzt wird. Das gleiche gilt für die von der Deutschen Demokratischen Republik zur Annahme genehmigten ausländischen Auszeichnungen* ».

Durant les années 1990, il était peu probable, voir inconcevable, qu'un ressortissant civil de l'ex-RDA (encore moins un militaire) veuille éveiller de mauvais souvenirs et se soumettre à l'opprobre de ses concitoyens de l'Ouest en se pavanant avec les médailles du régime déchu.

Seulement, en droit allemand est susceptible d'entrer dans la définition légale d'atteinte à l'ordre public[1] toute action ayant été jugée pour faute, suite à un dépôt de plainte et à l'issue d'une instruction judiciaire.

Ce n'est que depuis les années 2000 que des nostalgiques du système déchu profitent, à l'occasion de commémorations en souvenir du régime est-allemand, d'arborer leurs décorations sans que l'on puisse leur en faire immédiatement interdiction. Dans ces conditions, et dans l'hypothèse peu probable d'une atteinte constatée à l'ordre public, une plainte devrait être déposée à l'encontre des contrevenants avant qu'elle ne puisse être portée devant un tribunal. Ce sera en définitive au seul juge d'apprécier, au cas par cas, l'utilité de poursuive ou non les auteurs du délit. Afin d'éviter ce genre de désagrément le *Land* de Brandebourg adoptera un texte[2] législatif autorisant le port de certaines décorations obtenues en RDA.

---

1. Acte délibéré d'une personne désirant porter une atteinte insupportable aux valeurs de justice et du Droit international incompatible avec le fondement du Droit allemand.
2. BbgGVBI 1 n°3 v 17.2.1994.

Annexe 2

Les deux plus prestigieuses décorations de la RDA

Le titre de « Héros de la République démocratique allemande »

Ce titre était la plus haute distinction que le pouvoir communiste est-allemand pouvait décerner. Depuis sa création, en date du 28 octobre 1975, et jusqu'à la fin du régime en 1990, elle sera rarement remise. Seules onze personnalités de la sphère communiste se verront décorer par ce titre.

Créé par le Conseil des ministres de la RDA, le règlement relatif au titre d'honneur de «*Held der DDR*» fut notifié par l'organe de presse officiel *Neues Deutschland* le 30 octobre 1975. Trois ans après, une circulaire[1] traitant du port des insignes d'honneur de la RDA stipulait qu'à l'avenir tous les titulaires du titre de Héros de la RDA devenaient systématiquement membre de l'ordre de Karl Marx.

Le nombre de membres de l'ordre de Karl Marx étant plus élevé, la décision prise à cette date concédait implicitement à cette décoration la première place dans la hiérarchie des décorations, en détrônant l'ordre de Karl Marx créé en 1953.

Le titre de « Héros de la RDA » se voyait caractérisé par l'attribution d'une médaille en forme d'étoile d'or. Le titre ne pouvait être décerné qu'à des personnalités ayant rendus des services ou ayant eu un engagement exceptionnel en faveur de la RDA dans les domaines tels que :

– la lutte contre le fascisme hitlérien et pour la consolidation de la RDA,

– la protection de sa prépondérance au niveau international,

– en faveur de la Protection de l'État par des forces armées,

– la protection des institutions.

---

1. *Verordnung über das Tragen der Ehrenzeichen zu staatlichen Auszeichnungen vom 19. April 1978, Sonderdruck n° 952 des Gesetzblattes der DDR.*

Les titulaires du titre

Seules dix personnalités communistes obtiendront ce privilège dont certaines plusieurs fois.

Général d'armée Heinz Hoffmann.

Le premier «Héros de la RDA» fut le général d'armée Heinz Hoffmann. La distinction lui fut remise à l'occasion de son 75e anniversaire. Ministre de la Défense nationale et député de la Chambre du peuple de la RDA, il a également été membre du *Politbüro* du Comité central du *SED*. Formé au sein de l'Académie d'État-major de l'Union soviétique, il est connu pour être l'initiateur, en 1961, de l'ordre d'ouverture de feu contre les « fugitifs » tentant de franchir le Mur de Berlin. Lors d'une conférence il s'adressa à son auditoire avec cette sinistre formule : « Qui ne respecte pas notre frontière goûtera à nos balles ». Il sera reçu deux fois dans l'ordre le 28 novembre 1975 et le 28 novembre 1980.

Général d'armée Friedrich Dickel.

En 1959, il est le représentant permanent de la République démocratique allemande au sein de l'État-major général de l'Armée soviétique en Allemagne. En août 1961, il devient membre de l'état-major du Conseil de la Défense nationale pendant la construction du Mur de Berlin. A la veille de la chute du Mur, il est nommé ministre de l'Intérieur et chef de la police populaire. Il sera reçu dans l'ordre le 1er décembre 1975.

Erich Mielke.

Depuis 1957 il était responsable, en tant que ministre en charge de la *Staatssicherheit*, du système de surveillance interne et des services de renseignement de la RDA. Personnalité des plus puissantes et la plus redoutée de la RDA, il sera poursuivi après la Réunification, pour avoir commis un double meurtre en 1931 et fut condamné en 1993 à une peine de prison de 6 ans par les autorités judicaires de l'Allemagne réunifiée. Reçu dans l'ordre les 1er décembre 1975 et 28 décembre 1983.

Leonid Brejniev.

Secrétaire général du Parti communiste de l'Union soviétique, et donc principal dirigeant de l'URSS de 1964 à 1982, il était également président du Præsidium du Soviet suprême (fonction honorifique de chef de l'État) de 1960 à 1964 et de 1977 à 1982. Son autorité, d'abord partagée, s'affirma progressivement à la tête du Parti et de l'État, atteignant son apogée durant les années 1970, avant que la vieillesse et la maladie ne limitent progressivement son rôle politique au profit des membres de la *nomenklatura*. Reçu dans l'ordre 13 décembre 1976.

Sigmund Jähn.
Il rejoint en 1955 les forces aéronavales est-allemandes et devient pilote et scientifique militaire. En 1976, il sera sélectionné pour s'entraîner et devenir le premier cosmonaute allemand du programme *Intercosmos*. Il s'entraînera à la Cité des Etoiles près de Moscou et s'envolera à bord du module *Soyouz 31* pour la station spatiale soviétique *Saliout 6*, et reviendra à bord de *Soyouz 29*. En tout il aura passé 7 jours, 20 heures et 49 minutes dans l'espace. Reçu dans l'ordre le 21 septembre 1978.

Walerii Feodorovitch Bykovski.
Cosmonaute russe, il était le commandant du premier équipage spatial *Vol Sojuz 31* ayant à son bord le cosmonaute est-allemand Sigmund Jähn le 26 août 1978 (voir *supra*). Reçu dans l'ordre le 21 septembre 1978.

Vladimir Vassilievitch Kovalionok
Cosmonaute russe

Alexander Sergejewitsch Iwantschenkow
Cosmonaute russe

Nikolaï Alexandrovitch Tikhonov
Il a servi en tant que Président du Conseil des ministres de 1980 à 1985, et en tant que vice-président du Conseil des ministres de 1976 à 1980. Tikhonov a été responsable de l'administration culturelle et économique de l'Union soviétique durant la période de stagnation.

Willi Stoph
Était l'un des principaux dirigeants de la RDA. En 1973, il devient président du Conseil d'État, soit chef de l'État de RDA. Après les élections à la Chambre du peuple de 1976, Stoph redevient alors président du Conseil des ministres et vice-président du Conseil d'État.

Il était inflexible, à la discipline militaire rigoureuse et fidèle aux décisions prises jusqu'à leurs dernières conséquences. Reçu dans l'ordre 9 juillet 1984.

L'ordre de Karl Marx

À l'occasion de l'année Karl Marx et désirant honorer « le plus grand fils et scientifique du peuple allemand », la RDA créera le 5 mai 1953 cette distinction honorifique. L'ordre glorifiait les mérites exceptionnels entrepris en faveur de la Révolution du mouvement ouvrier allemand.

À l'image des distinctions du « grand frère soviétique », l'ordre pouvait être décerné à des citoyens, quel que soit leur rang social, à des conglomérats, des entreprises, des institutions étatiques, des coopératives socialistes et des organisations sociales.

Les organismes et unités de l'armée, chargées de défendre les intérêts vitaux du pays, n'étaient pas oubliés. L'ordre fut également ouvert aux ressortissants étrangers.

Prenant modèle sur les distinctions honorifiques soviétiques, l'ordre de Karl Marx avait la particularité de pouvoir être accordé plusieurs fois. Il n'existait pas de hiérarchie protocolaire comme les distinctions honorifiques occidentales en chevalier, officier, commandeur, grand-officier, grand-croix.

Il sera considéré comme la plus haute récompense de la RDA jusqu'en 1975. L'ordre de Karl Marx sera décerné pour des services exceptionnels rendus en faveur du régime :

– dans le cadre du mouvement ouvrier,
– pour l'application créative du marxisme-léninisme,
– pour le développement du système économique socialiste,
– dans les domaines de la science et des technologies,
– dans les domaines des arts, de la culture, de l'éducation,
– dans la lutte pour la sauvegarde de la Paix,
– pour la promotion de relations d'amitié entre l'Union soviétique et les autres pays socialistes.

La décision d'attribution puis la remise relevaient de l'autorité du président du Conseil d'État, sur recommandation du Conseil des ministres, à deux dates marquantes pour le régime : à l'occasion du 1er Mai, fête des travailleurs, et du 7 octobre, journée de la République.

L'ordre de Karl-Marx est une étoile dorée à cinq branches sur une couronne de feuilles de chêne. Au centre de la distinction se trouve représenté le portrait de profil de Karl Marx. L'ordre était suspendu à un ruban rouge bordeaux[1].

1. Particularité : au décès de l'impétrant, la distinction était à retourner au Conseil des ministres.

Chronologie

01.10.1988
Élection de Mikhaïl Gorbatchev à la tête du Présidium du Soviet Suprême.

07.12.1988
Devant l'Assemblée générale de l'ONU, Mikhaïl Gorbatchev annonce une réduction unilatérale et inconditionnelle des forces conventionnelles soviétiques.

02.1989
Fin du retrait des forces soviétiques d'Afghanistan.

06.03.1989
Ouverture à Vienne des négociations visant à la réduction des forces conventionnelles en Europe.

19.06.1989
Reprise des négociations USA-URSS START. Réduction de 50 % des armes stratégiques.

09.11.1989
Chute du Mur de Berlin puis démantèlement du « Rideau de Fer ».

16.07.1990
Accord du Caucase entre le président Gorbatchev et le chancelier Kohl sur la Réunification de l'Allemagne

17.18.09.1990
Consultations franco-allemandes de Munich. Le président de la République annonce le retrait des troupes françaises stationnées en Allemagne.

03.10.1990
Unification de l'Allemagne. Dans un message au chancelier fédéral, le président français assure les Allemands de la solidarité de la France.

06.12.1990
Message commun du chancelier Kohl et du président Mitterrand au Conseil européen en faveur d'une politique étrangère et de sécurité.

04.02.1991
Document franco-allemand sur l'avenir de l'U.E.O.

15.03.1991
Entrée en vigueur du Traité 2 + 4 mettant fin au statut quadripartite de Berlin et aux responsabilités alliées pour l'Allemagne dans son ensemble.

16.-17.05.1991
Réunion à Weimar de la première conférence conjointe des ambassadeurs français et allemands dans les pays de l'Est.

Juillet 1991
Réouverture de la route maritime nord Mourmansk-Mer de Béring fermée depuis 1940.

19 au 23.08.1991
Traité Start sur les Forces nucléaires stratégiques. Échec de la tentative de reprise en main de Moscou. Indépendance *de facto* des pays Baltes.

29.08.1991
Première réunion à Weimar, des ministres des Affaires étrangères français, allemand et polonais.

18.-20.09.1991
Le président Mitterrand se rend en Allemagne, et visite les nouveaux *Länder.*

14.10.1991
Dans une lettre commune au président du Conseil de la C.E., Kohl et Mitterrand annoncent la création d'un corps d'armée franco-allemand, formant le noyau d'un corps européen.

Novembre 1991
Dissolution du Parti communiste Russe.

Décembre 1991
Fin de l'URSS. Naissance d'une Communauté des États indépendants (Russie, Belarusse, Ukraine, Kazakhstan. La Russie se substitue à l'URSS dans les instances internationales.

31.01.1992
Fin officielle de la Guerre froide scellée à l'ONU lors de la réunion solennelle des quinze chefs d'États membres du Conseil de Sécurité

21.-22.05.1992
Les plans concernant la création de l'*Eurocorps* sont adoptés lors du 59e sommet franco-allemand de La Rochelle.

05.01.1993
L'*Eurocorps* est officiellement installé à Strasbourg avec des soldats originaires de France et d'Allemagne. Depuis sa création, des forces armées belges, luxembourgeoises et espagnoles ont été intégrées à ce corps.

05.03.1993
Les ministres des Affaires étrangères Alain Juppé et Klaus Kinkel décident la formation d'un groupe de travail permanent franco-allemand pour renforcer la coopération politique. Afin de mieux coordonner la politique à l'Est, la Conférence des ambassadeurs allemands et français en Europe orientale doit être relancée.

19.05.1993
Les États membres du corps européen décident le 19 mai 1993 à Rome de mettre l'*Eurocorps* à la disposition de l'Union de l'Europe Occidentale (UEO).

24.08.1993
Les ministres des Affaires étrangères Alain Juppé et Klaus Kinkel préparent à Dresde le plan d'une initiative de paix commune en Bosnie-Herzégovine qui est intégré aux négociations de Dayton et au traité de paix de Paris (15.12.1995).

01.10.1993
Création officielle de l'*Eurocorps* avec la prise de fonction du premier général commandant ce corps, le lieutenant-général allemand Helmut Willmann.

25.11.1993
Les Marines française et allemande conviennent, à la suite d'une manœuvre commune, d'échanger tous les ans des aspirants officiers.

14.07.1994
200 soldats allemands de l'*Eurocorps* défilent sur les Champs-Élysées.

31.12.1994
Clôture définitive du dossier *NVA*.

Bibliographie

Ouvrages

Christian Adam / Martin Erdmann / Horst Henkel / Wolfgang Scholz, *Sperrgebiete in der DDR. Ein Atlas von Standorten des MfS, des MdI, des MfNV und der GSSD*, Berlin, Bundesbeauftragter f. d. Unterlagen d. Staatssicherheitsdienstes d. ehem. DDR / Auflage :1, 2015.

Eberhard Berndt, *Atlas zur Geschichte und Landeskunde von Sachsen, Standorte der Nationalen Volksarmee und der Sowjetarmee*. Leipzig und Dresden, Verlag der Sächsischen Akademie, 2004.

Deutscher Bundestag, *Bericht der Enquete-Kommission, Aufarbeitung von Geschichte und Folgen der SED-Diktatur in Deutschland*, Bonner Universitäts druckerei, Bonn, Mai 1994

Bundesministerium der Verteidigung, *Armee der Einheit 1990-2000*, Bonn, Presse und Informationstelle , 2000.

Torsten Diedrich / Rüdiger Wenzke, *Die getarnte Armee. Geschichte der Kasernierten Volkspolizei der DDR 1952 bis 1956*. Militärgeschichte der DDR / Bd. 1, Berlin, Hrsg. vom Militärgeschichtlichen Forschungsamt, 2001.

Hans Ehlert / Armin Wagner, *Genosse General. Die Militärische Elite der DDR in biographischen Skizzen*. Berlin, Links Verlag. 2003.

Friedensburg Ferdinand, *Les problèmes économiques de la réunification allemande*, Paris, Centre d'études de Politique étrangère / Politique étrangère n° 3, 1958.

Klaus Froh / Rüdiger Wenzke, *Die Generale und Admirale der NVA. Ein biographisches Handbuch*. Berlin, Ch. Links Verlag, 2007.

Matthias Fuchs, *Die Auflösung der NVA und ihre Teilintegration in die Bundeswehr, Seminar für Politische Wissenschaft*, Bonn, Rheinische Friedrich-Wilhelms-Universität Bonn Ausgewählte Probleme deutscher Sicherheitspolitik 7. F, 2001.

Daniel Giese, *Die SED und ihre Armee. Die NVA zwischen Politisierung und Professionalismus 1956–1965, Schriftenreihe der Vierteljahrshefte für Zeitgeschichte/Bd. 85*, Oldenbourg, Wissenschaftsverlag GmbH, 2002

Dale R. Herspring / Hans-Werner Weber: Deutsche Ausgabe. *Requiem für eine Armee. Das Ende der NVA der DDR*, Baden Baden, Nomos, 2000.

Klaus-Ulrich Keubke / Manfred Kunz, *Uniformen der Nationalen Volksarmee der DDR. 1956-1986*, Berlin, Brandenburgisches Verlagshaus,1990.

Ilko-Sascha Kowalczuk / Stefan Wolle, *Roter Stern über Deutschland. Sowjetiche Truppen in der DDR*, Berlin, Ch. Links, 2010.

Peter Joachim Lapp / Vincenz Müller, *General bei Hitler und Ulbricht. Eine deutsche Karriere*, Berlin, Ch. Links Verlag, 2003.

Matthias Rogg, *Armee des Volkes?: Militär und Gesellschaft in der DDR*, Berlin, Ch. Links Verlag, 2008.

Jörg Schönbohm, *Zwei Armeen und ein Vaterland. Das Ende der Nationalen Volksarmee*, München, Siedler Verlag, 1992.

Bruno Thoß hrsg, *Die Geschichte der NVA aus der Sicht des Zeitzeugen und des Historikers*, Potsdam, Verlag Zentrum fur Militärgeschichte und Sozialwissenschaften der Bundeswehr, 2010.

László Veszprémy / Rüdiger Wenzke, *Die NVA und die Ungarische Volksarmee im Warschauer Pakt*. Potsdam, Militärgeschichtliches Forschungsamt, 2011.

Rüdiger Wenzke, *Damit hatten wir die Initiative verloren-Zur Rolle der bewaffneten Kräfte in der DDR 1989/90*. Berlin, Ch. Links Verlag, 2014.

Rüdiger Wenske, *Damit hatten wir die Initiative verloren. Zur Rolle der bewaffneten Kräfte in der DDR 1989/90*, Berlin, Ch. Links Verlag, 2015.

Roland Wiedmann, *Die Diensteinheiten des MfS 1950–1989. Eine organisatorische Übersicht (MfS-Handbuch)*. Berlin. Hg. BStU. 2012.

Dariusz Woltaszyn, *Erich Honecker und die Solidarnosc*, Medienhaus, Potsdam, Babelsberg / Berliner Debatte Initial n° 2, 2012.

Autres

Konstantin von Freytag Lohringhoven, « Jörg Schönbohm, Der Abwickler der *NVA*. Persönlichkeiten der Deutschen Geschichte » *Loyal Ausgage Militärgeschichte nach 1945*, Juli / August 2016.

Konstantin von Freytag Lohringhoven, « Heinz Kessler, der unbeirrbare Klassenkämpfer. Persönlichkeiten der Deutschen Geschichte » *Loyal Ausgabe /Militärgeschichte nach 1945*, Mai 2016.

Jakob Saß, « Warum die *NVA* den Westen erobert hätte », *Die Welt. n°19*, September 2013.

Peter Schneider, « Die neuen Kameraden », *Der Spiegel. n° 24*, p. 74 à 89, 1994.

www.mdr.de, « Heute im Osten. Damals im Osten. Das Ende der *NVA* ». Mai 2017.

www.Toute l'Europe.eu, Christine de Mazières, « De la chute du Mur à la Réunification allemande »

Hans Werner Deim, *Die Rolle der NVA während der Wende und die Besonderheiten ihrer Zusammenführung mit der Bundeswehr*. Vortrag in der Prinz Eugen Kaserne, Oktober 1995.

ORFACE

L'Observatoire des Relations Franco-Allemandes pour la Construction Européenne

Mène de nombreuses actions sur le terrain pour développer les relations franco-allemandes à travers ses contacts avec les milieux politiques, économiques et culturels en France comme en Allemagne. Grâce aux relations personnelles qu'il entretient avec de nombreuses personnalités, par sa participation à des manifestations d'amitié bilatérales, par sa présence active sur le terrain, le président de l'ORFACE est un acteur reconnu au sein de la communauté franco-allemande.

L'ORFACE apporte son soutien actif à toutes les associations franco-allemandes qui travaillent au renforcement quotidien des liens entre nos deux pays. L'objectif est clair : il s'agit de renforcer la connaissance mutuelle de l'autre. Il cherche à satisfaire de la façon la plus exhaustive possible, à l'aide d'ouvrages de grande qualité, les attentes des passionnés des rapports franco-allemands.

L'ORFACE intensifie son action dans des domaines où il est déjà engagé en liaison avec les associations de coopération franco-allemandes intervenant à ses côtés. À savoir développer un travail de réflexion, d'analyse et de synthèse sur les grandes questions de société intéressant les deux pays.

L'ORFACE qui souhaite toucher un public de plus en plus large, ne se limite pas à l'utilisation des médias traditionnels pour diffuser son message mais anime son site (www.orface.org) afin de pouvoir répondre au plus grand nombre d'attentes

L'ORFACE informe au mieux les principaux responsables de la coopération franco-allemande de façon à ce que l'on puisse orienter ses interventions dans les secteurs spécifiques, où son savoir-faire et son expérience seraient utiles.

Le Centre des Hautes Études Franco-Allemandes pour l'Europe

Afin d'élargir son dispositif d'étude et de veille stratégique, l'ORFACE s'est doté d'un conseil scientifique composé de personnalités reconnues du monde académique et de la société civile.

Instance consultative, le conseil scientifique du Centre des Hautes Études Franco-Allemandes pour l'Europe étudie l'histoire, la situation et les perspectives de développement de la coopération franco-allemande en Europe.

Le CHEFAE est un think thank indépendant qui s'est donné pour mission de perpétuer le dialogue des idées entre l'Allemagne et la France dans le partage de la langue et de la culture française.

Le Centre réunit des personnalités, issues de milieux sociaux, culturels et scientifiques différents, tous de grands connaisseurs de la coopération bilatérale. Instance de concertation et de réflexion, le conseil scientifique est force de proposition pour aider l'ORFACE dans ses actions.

Les membres du conseil scientifique exercent au sein d'universités, de grandes écoles et de centres de recherche publics ou privés de premier plan. Ils assurent un lien entre l'ORFACE et les réseaux d'experts nationaux et internationaux.

En s'appuyant sur les travaux, ouvrages et organisation de conférences de ses membres le conseil scientifique apporte une contribution notoire au dialogue interculturel. Il est composé de personnalités éminentes désireuses de participer aux travaux de l'ORFACE.

Le conseil scientifique assiste par ses avis et ses recommandations le président de l'ORFACE. Sa composition multidisciplinaire (sciences politiques, économie, sociologique, histoire, défense, relations internationales…) favorise l'émergence d'une vision plus large sur les évolutions de la coopération bilatérale et lui permet d'être une force de propositions.

Du même auteur

POLITIQUE

10 ans de sommets franco-allemands 1990-2000, Nice, Alandis, 2000. 204 pages. Préfacé par la Prof. Bender de l'Université de Trèves.

Die Deutsch-französischen Gipfeltreffen im Zeitraum 1991-2002, Bonn, Europa Union Verlag, 2003, 219 pages.

Rétrospectives franco-allemandes, Paris, L'Harmattan, 2009. 262 pages. Préface par Roland Dumas, ancien Ministre des Affaires étrangères et président honoraire du Conseil constitutionnel.

« Que faut-il retenir de 50 années de coopération franco-allemande ? », in *Le nouveau bulletin de l'ADEAF* n° 117. Dossier 50e anniversaire, 2012. p. 10-14.

RELATIONS ÉCONOMIQUES

Les 1001 raisons d'apprendre l'allemand - Le management franco-allemand : des opportunités insoupçonnées, Paris, L'Harmattan, 2002. 210 pages. Préfacé par Jacques Morizet, Ambassadeur de France.

« France-Allemagne : une entente constructive. André Bord au forum HEC », in *Pont de l'Europe,* Strasbourg, 2001, p. 55.

La coopération Régions Länder, une contribution au 50e anniversaire du traité de l'Elysée, Paris, L'Harmattan, 2014. 319 pages. Préfacé par Jean Yves Le Borgn', Président du groupe d'amitié franco-allemand de l'Assemblée nationale.

COOPÉRATION MILITAIRE

La coopération franco-allemande en matière de défense et de sécurité, Paris, L'Harmattan, 2004. 179 pages. Préfacé par le colonel Lagache, commandant l'Enseignement militaire supérieur scientifique et technique.

« Pour que la citoyenneté française n'ait pas de frontière », in *Cahier* n° 4, Paris, Cesat - Ministère de la Défense, 2005. p. 21.

Orden und Ehrenzeichen der französischen Armee, Paris, The book Edition, Nouvelle édition 2016. 92 pages. Préfacé par le général a. D. Millotat, et le général de C.A. Marcel Bigeard.

RELATIONS CULTURELLES

Le flambeau / Charles de Gaulle, Avertissement au lecteur par Alexandre Wattin, Paris, Editions Saurat, 2000. Préfacé par André Bord, ancien ministre.

Die Fackel / Charles de Gaulle, Edition bilingue. Introduction Alexandre Wattin, Stuttgart, Hoeheim Verlag, 2003. Préfacé par Manfred Rommel, ancien coordinateur franco-allemand pour le gouvernement de la République fédérale d'Allemagne.

« L'Observatoire des Relations franco-allemandes pour la construction européenne », in *Revue commémorative du 50e anniversaire du traité de l'Élysée,* Paris, Agence KAS Éditions, 2013, p. 188.

HISTOIRE

« Von Steuben - Un général prussien et l'indépendance des États-Unis », in *Forum franco-allemand,* Paris, 2001.

Les ordres du Mérite de la République fédérale d'Allemagne, Paris, Seconde édition Orface, 2013, 90 pages. Préfacé par Jacques Morizet, Ambassadeur de France.

« Il y a 20 ans, l'Armée nationale du peuple disparaissait », in *Cahier* n° 4 - Cesat - Ministère de la Défense, Paris, 2005, p. 29.

« Introduction au 40e anniversaire du traité de l'Élysée », in *Magazine officiel du 40e anniversaire du traité de l'Élysée*, 2003, p. 12-15.

Documents sur la présence militaire française à Mayence. Ouvrage commémoratif bilingue édité à l'occasion de l'inauguration du Musée militaire franco-allemand de la Garnison de Mayence, Paris, Éditions Orface, 2008.

50e anniversaire de la défense aérienne sol-air de la Luftwaffe, in : site internet i-defense, 2009.

La Luftwaffe à Mont de Marsan 1940-1944, 2017. Travail de recherche historique.

50 Jahre-50 années de coopération franco-allemande. Alexandre Wattin, Rédacteur en Chef adjoint, Revue de l'année franco-allemande 1963-2013, Paris, Agence KAS Editions, 2013, 192 p.

« Les ordres du Mérite des Länder de la RFA », in *La Phalère, Revue européenne d'histoire des ordres et décorations*, n° 7, Paris, 2013, p. 97-151.

« *Quid* du port des décorations du IIIe Reich et de la RDA ? » in *La Phalère, Revue européenne d'histoire des ordres et décorations*, n° 8, Paris, 2016, p. 91-111.

Table des matières

DEUXIÈME PARTIE

La fin des illusions